守望语文课堂

张华 / 著

图书在版编目(CIP)数据

守望语文课堂／张华著. —合肥：安徽大学出版社，2010.9（2013.7 重印）
ISBN 978-7-81110-856-9

Ⅰ.①守… Ⅱ.①张… Ⅲ.①语文课—教学研究—中小学 Ⅳ.①G633.302

中国版本图书馆 CIP 数据核字(2010)第 175601 号

守望语文课堂　　　　　　　　　　　张　华著

出版发行	北京师范大学出版集团 安　徽　大　学　出　版　社 （安徽省合肥市肥西路 3 号 邮编 230039） www.bnupg.com.cn www.ahupress.com.cn
印　　刷	合肥现代印务有限公司
开　　本	169mm×228mm
印　　张	13.625
字　　数	180 千字
版　　次	2010 年 9 月第 1 版
印　　次	2013 年 7 月第 2 次印刷
定　　价	25.00 元

ISBN 978-7-81110-856-9

责任编辑：徐　建　　　　　　　　　装帧设计：朗　意
责任印制：赵明炎

版权所有　　侵权必究

反盗版、侵权举报电话：0551—65106311
外埠邮购电话：0551—65107716
本书如有印装质量问题，请与印制管理部联系调换。
印制管理部电话：0551—65106311

目 录

序/"守望"是一种执著与追求 / 陈钟樑　　　　　　　　　〔1〕

阅读教学

1. 情有所动　心有所悟
　　——《病梅馆记》教学实录与反思　　　　　　　〔3〕
2. 原来她也是个美丽动人的女人
　　——《项链》教学实录与反思　　　　　　　　　〔18〕
3. 价格虽低　品格极高
　　——《一碗阳春面》的教学实践与反思　　　　　〔31〕
4. 善教乐学　逸而功倍　　　　　　　　　　　　　　〔37〕

写作教学

5. 横看成岭侧成峰
　　——"话题作文的多角度立意"教学实录与反思　〔43〕

6. 细观察　抓特征
　　——"写出你独特的感受"教学实录与反思　　〔58〕

7. 巧用比喻妙说理
　　——"比喻说理"教学实录与反思　　〔72〕

8. "让我们想象的翅膀会飞起来"课例　　〔84〕

9. 跨过"包揽"这道坎
　　——作文互批互改的探索与实践　　〔102〕

10. 广采百花酿成蜜
　　——让学生学会积累写作素材　　〔108〕

11. 由《你只有一个胃》引出来的一堂写作课　　〔111〕

考试检测

12. 多一点"二锅头"　少一点"碧螺春"
　　——2009年上海高考作文阅卷所见所思　　〔119〕

13. 心中有谱　答题有序
　　——高考现代文阅读词句含义及句段作用题解答要领　　〔129〕

14. 给学生作业"提提神"
　　——适应学生特点的多样作业形式的尝试　　〔133〕

细思碎想

15. 把分数"借"给你　　〔139〕
16. 沟通从"心"开始　　〔142〕
17. 烫手的山芋也要接　　〔145〕
18. 评选"优秀家长"　　〔150〕
19. 给学生"精神红包"　　〔152〕
20. 儿子丢"官"记　　〔154〕

21. 护短,越护越短 〔156〕

22. 学生租房,悠着点 〔158〕

23. 与我有关的故事

　　——我最喜爱的一本书:《谁动了我的奶酪》 〔161〕

24. 走近父亲 〔164〕

25. "非典"过敏 〔166〕

26. 腊月,真好 〔168〕

27. 响亮的年 〔170〕

28. 家庭暴力,怎一个"痛"字了得 〔172〕

附　录　【人物通讯】

"我是你的眼睛"

　　——记全国杰出青年星火带头人汪世龙的妻子万利云 〔177〕

君自南国来

　　——访广东有线电视台主持人时栩栩 〔183〕

真情撑起一个家 〔186〕

永不陨落的明星 〔189〕

良"相"·良医 〔196〕

历经沧桑人未老 〔202〕

后　记 〔207〕

序

"守望"是一种执著与追求

陈钟樑

"人的一半是幻想,另一半是追求",用这句名言来形容张华老师,是最恰当不过的了。《守望语文课堂》一书,便是最好的见证。

"守望"的"守",含有坚守的意思,是张华老师多年来执著、奋斗的表现;而"望",有远望、眺望、瞻望,释义极为丰富。透过一个个朴素而又精彩的语文课堂教学实录,我们看到了一个对语文教育事业充满着理想与追求的中年女教师美好形象,她,就是张华。

张华曾认真地对我说:"有的人说,要以'煮食的心情'对待教学。对此,我深表认同。"这"有的人"中,其中一个是我——陈钟樑。张华想到的自然是"大长今",做饭时穿着雪白的围裙,表情安详,就像艺术家那样,耐心地洗,快速地切,将五颜六色的食材巧妙搭配在一起……轻柔而又恬静地察看着面前冒着热气的小锅……做饭女人"煮食的心情"——真诚、专注、平静,无怨无悔地操劳……这是张华老师的切身体会。她深深地感到:语文老师不也是这样吗?我曾写过一篇散文——《让学生好好享受这一顿:知识的盛宴》。张华老师是从"煮食者"态度、心情发出感慨的;而我关注的是提供给学生的这一顿盛餐的质量,应该是有益于学生身心健康的绿色小宴,而且搭配了各种杂粮,因为这是语文课,语文课本身就是杂的。

当今越来越多的语文老师明白了这个道理:教什么比怎么教更重要。

守望语文课堂

张华老师在书中提供的案例，没有更多从教学方法上展示，而是在教学内容上探讨，特别是对如何带领学生走进文本的语言深处进行了有效的探索。譬如：如何认识莫泊桑《项链》中主人公玛蒂尔德悲剧的意义，张华老师就提出以下一系列问题供学生思考、讨论：

玛蒂尔德丢失项链这一故事的中心事件，对她一生构成的到底是悲剧还是喜剧？

她的生活从那一刻起到底发生了什么转变？

她的性格从那个晚上起到底产生了哪些变化？

张华老师认为，走近玛蒂尔德，是为了让学生懂得为人不可过度虚荣；走近玛蒂尔德，是为了让学生懂得做人要讲诚信，要有尊严；走近玛蒂尔德，是为了让学生懂得一个人面对艰难要勇于接受，勇于承担责任。而这一切"懂得"，都离不开文本：文本的故事，文本的语言。

《守望语文课堂》一书，不仅收集了一些成功或比较成功的阅读教学案例，还收集了许多写作案例。譬如针对高一学生的"巧用比喻妙说理"一课，就很有创意。先从学生最感兴趣、也最难以直接表述的话题"早恋"入手，课堂上即刻活跃了。学生列出的标题有：早恋像泥潭、早恋像喝茶、早恋像饮酒、早恋像青苹果、早恋像棉花糖、早恋像夹生肉、早恋像爬雪山、早恋像开车第一次上了立交桥……然后再进入富有哲理思考的"生命像什么"的讨论，学生列出的不少标题，本身就含有相当高的思考价值，譬如：生命像玻璃、生命像一朵花、生命像放风筝、生命犹如一颗小草、生命就像一支蜡烛、生命像一次远行的航船、生命犹如浩瀚天空中的一颗流星……较之前面的谈"早恋"，肤浅的调侃少了，深沉的思考多了。

近来，教育界流行着一句话："叙述，将改变语文教师的生活质量。"这里的"生活"，当然是指课堂生活。本书很少有枯燥的说理，多的是具体、生动的案例叙述。我曾经在上海市一所很著名的示范性高级中学——建平中学语文教师座谈会上说道：

案例是解决具体教学问题的一把钥匙；

案例是教师业务进修的一架扶梯；

案例也是教师学习理论、研究理论的一块肥沃的土壤。

我一直在思考：如果这本书再版，需要修改或者添加的内容是什么？

反思与修正。上海第一代特级教师沈蘅仲老先生，在告别教坛前后，对自己一生的教学作了一次认真地总结，写了一本书，题名为《知困录》。沈老先生为人厚道、平和、踏实，他的"知困"，既是一种反省，也是一种发现，属于学术，更属于人生。庄子曰："吾知吾之不知。"能真正"知吾之不知"，需要基础与学识，更需要智慧与胆识。

哲学家蒙田说："初学者的无知在于未学，而学者的无知在于学后。"

翻阅《守望语文课堂》一书的读者不难发现，书中提供的案例涉及教学方法讨论的不多。但案例中师生间就某一问题讨论、答问、争辩特别精彩，这不能不说是与张华老师当过8年的新闻记者生涯有关。这段记者生活，练就了张华老师善于把握现场、发现问题、组织讨论，以及灵活运用身边教学资源的本领。本书中收集的课例《由〈你只有一个胃〉引出来的一堂写作课》和《让我们想象的翅膀会飞起来》等集中体现了她的这些能力。同时，这段记者生活，也提高了张华老师撰稿选材与组材能力。这些对于语文老师来说，是十分重要的能力与素养，乃是一种教师智慧的表现。经历也是一笔财富。欧美国家许多中学都有自己的网站、电视台、广播室，还有自己的报纸、杂志，目的是培养现代学生的组织能力、交际能力与宣传能力。希望张华老师珍惜自己拥有过的8年记者生涯的这份人生财富，为语文教育事业作出更大贡献。

陈钟樑，上海市中学语文特级教师。华东师范大学讲课教授。全国中语会学术委员会副主任。海峡两岸"同文异教"课题专家顾问。

阅读教学

1. 情有所动　心有所悟

——《病梅馆记》教学实录与反思

时间：2009年10月

年级：高一

师：今天这节课我们一起来学习龚自珍的《病梅馆记》。

（板书课题）

首先，请同学们来猜一个谜语。有一首古曲叫《梅花三弄》，大家听说过吗？

生（部分）：听说过。

生1：好像是一首古琴曲吧？

生2：内容是表现梅花的。

师：你们说的都对。现在我们就用"梅花三弄"作谜面，来猜一猜《病梅馆记》中的句子。

（学生迅速在课文中寻找有关句子）

师：看谁先找到？

（学生开始举手）

师：哦，找到了。这位男同学，请你说说。

生：就是"梅之欹、之疏、之曲"这一句。

师：噢。

生：我觉得是"斫直，删密，锄正"这一句。

师：哦？这两个答案不一样了，大家看哪个好一些啊？

生（部分）：第二个同学说的好些。

师：哦，第二个，为什么啊？

生：《梅花三弄》中的"弄"可以看成是三个动作——"斫、删、锄"。

师：有道理。看来大家通过预习对课文有初步的印象了。初读有印象，那么，再读呢？那应该是无障碍。当然，这里主要是指字词上的障碍。下面，同学们通过集体朗读来审视一下，看看自己在字词上还存不存在一些障碍，是不是像读现代文那样明白晓畅呢？

（学生齐读课文）

师：好，我仔细听了，同学们字音读得没问题。那么，对文中的字或者词义的理解有疑问吗？

生：文章最后一段中的"辟病梅之馆以贮之"中的"辟"是什么意思？

师：哦，我敢肯定你们中有人会解答"辟"是什么意思。

生："辟"是"开辟"、"开设"的意思，"辟病梅之馆"就是"开设或者开辟病梅之馆"。

师：你的理解很正确。你是利用组词法来解释"辟"的，对不对？

生：对。

师：最值得称道的是，你在解释"辟"时，注意联系下文来理解。文言文的字或者词，它们是有语境义的，往往联系上下文，则对其字或者词义理解起来就又快又准。这是经验，请大家注意。

生："删密"中的"删"怎么解释？

师："删"这个字的右边是一把"刀"，密的枝条用"刀"去"删"，这"删"即是……

生（部分）：是"砍除"吧？

师：不错。"砍除"或"剪除"，意思都对。文言文中的较难解释的字除了根据上下文的语境来理解外,你还可以根据它的字形来分析,这样,往往问题就迎刃而解了。

同学们对文中字或者词义的理解还有疑问吗?

(学生摇头)

师:同学们没问题了,我可有问题哦。

第一个问题:我想问问大家,文中第一段"梅以曲为美,直则无姿;以欹为美,正则无景;梅以疏为美,密则无态"中,"以欹为美",这个"欹"怎么解释呀?

生(集体):是"倾斜"的意思。

师:噢,大家都说是"倾斜"的意思,因为课文下面的注释明白写着呢。但是,如果没有课文下面的注释,同学们,你们能说出这个"欹"的意思吗?

生:能。

师:哦?那请你说说。

生:因为这一组句子如"以曲为美,直则无姿"、"以疏为美,密则无态"中的"曲"与"直"、"疏"与"密"的意思分别是相对相反的,由此可以推断"欹"与"直"的意思也是相对相反的,所以"欹"是"倾斜"的意思。

师:你太厉害了。你的经验值得大家借鉴、学习啊。

其实啊,在古诗文中,有一些对仗工整的句式,其相同位置上的字或词,意思往往是相近或者相反的,因此,我们可以从它的相同位置上的已知字、词的意思来推断未知的字、词的意思。利用这个方法就能不费吹灰之力搞清楚我们不懂的字、词意思。请同学们将这个经验或者叫方法在你的课堂笔记本上简单地记一记。

(学生纷纷记笔记)

师:好,我的第一个问题被同学们解决了。我的第二个问题还是在课文第一段里提出。第一段的第三行"以夭梅病梅为业以求钱也"这一句中的"病",课文下面注释了,意思是"把……弄成病态"。我的疑问是:"病"在文章的题目中就已经出现了,同样一个"病"字,编者为什么不先对题目中的

"病"作注释,而要等到了文中这一句时才给"病"作注释呢?

生:我感觉这两处的"病"用法不一样。

师:请你具体说说。

生:"病"本来是名词,题目中的"病"的意思是"病的、病态的",这个"病"的用法是形容词;而"夭梅病梅"中的"夭"和"病"都是动词,是使动用法,意思是"使……夭","使……病"。

师:噢,"夭梅病梅"中的"病"活用了,是名词的"使动"用法。题目《病梅馆记》中的"病"是名词活用为形容词。这两处都是活用,那么,理解起来哪一处容易些?

生:题目中的"病"理解容易些。

师:嗯,文中"病"的"使动"用法理解上难度要稍高一点,这就需要同学们在语境中仔细揣摩。

师:我的第二个问题又被同学拿下了。下面,我的第三个问题还是在这一句中提出。文言文的阅读,实词的理解很重要,但一些虚词也不可忽视哦。在"以夭梅病梅为业以求钱也"这一句中,先后出现了两个"以",这两个"以",请问该怎样理解呢?

生:我认为,第一个"以"是"把"的意思;这第二个"以",好像是……不好意思,让我再想想吧。

师:没关系,请你坐下来再仔细想一想。

师:刚才这位同学说第一个"以"是"把"的意思,大家同意吗?

生(大部分):同意。

师:那我要问大家,为什么这个"以"可以确定为"把"的意思呢?

生:这是顺着文意下来的,"以夭梅病梅为业"就是:把夭梅病梅作为职业。

师:噢,有道理。

师:再请问这第一个"以"是什么词性?

生(部分):介词。

师：没错。是介词。

师：第二个"以"还没说，谁来说说？

师：噢，你举手了，请你来给大家说说。

生：第二个"以"我的理解是"来"，但不知道意思对不对？

师：哦，你有感觉，但还拿不定。那碰到这种情况，大家说该怎么办？

（有学生举手）

师：来，你说说看。

生：按照我的经验，可以把想到的意思代入到句子中，就知道对不对了。

师：那你把刚才这位同学认为的"来"的意思代入到句子中，看行不行？

生：把夭梅、病梅作为职业来求得钱财。噢，行！（挠挠头）唉，刚才我怎么没想到呢？

（全班大笑）

师：别遗憾，你提供的这种"代入法"很好，很管用，大家可要记住并且会用哟。

师：这第二个"以"意思我们清楚了，它的词性呢？

生：……

师：有困难，是吧？你看，把夭梅病梅作为职业的目的是什么呀？

生：谋求钱财。

师：所以啊，这里的"以"是个连词，是表示目的的连词。换句话说，"以"作为目的连词时，可以译成"来"或者"用来……"。请同学们再看看，本文中还有没有"以"的意思跟这相同？

生1：有。第二段最后一句"辟病梅之馆以贮之"中的"以"是表示目的的连词。

生2：还有。第三段最后一句"穷予生之光阴以疗梅也哉"中的"以"也同样是。

师：同学们找得真准。

师：到这儿啊，我不禁感慨：真是众人拾柴火焰高啊。你看我接连提的几个问题大家一个一个地都解决了。不过,关于对字词的理解,我还有最后一个问题。刚才,一个句子中同时有两个"以",现在,在第一段的最后"文人画士之祸之烈至此哉"这一句中,又同时先后出现了两个"之",这两个"之"又怎么解释啊?

生:……

师:有难度,是吧?没关系,还是发挥集体的力量吧。相邻座位的同学可以一起商量商量。

(学生讨论后举手)

生:第一个"之"是用在主谓之间,取消句子的独立性,不用翻译。第二个"之"是助词"的"的意思吧?

师:那你用刚才同学所讲的"代入法",把"的"代入进去翻译一下,好吗?

生:文人画士祸害的厉害到这……(挠头)嗯?好像不能这样翻译。(全班笑)

师:那你想想再说吧。

生:我……好像还是不行。

师:那你先坐下,其他的同学来帮帮他。

(一位女生示意要回答)

师:好,请你来说。

生:我的理解正好跟刚才这位同学的理解相反。第一个"之"是"的"的意思,第二个"之"是用在主谓之间,取消句子的独立性,不用翻译。

师:好的,请你将"之"的意思代入进去翻译一下这个句子。

生:文人画士的祸害厉害到这种地步啊!

师:大家感觉一下,这样行不行?

生(部分):行。

师:是啊,这样就行了。这个句子主语是"文人画士之祸害",谓语是"烈"。所以,第二个"之"是用在主谓之间,不译。而"文人画士"是"祸害"的定语,很显然,第一个"之"是助词"的"的意思。

《病梅馆记》文章虽不长，但文中"之"出现了 23 次，"以"出现了 14 次。同学们课后可以花一些时间，分别将这一课的"之"、"以"的意义、用法归纳、整理一下。

好。字、词上的障碍我们一起扫除了，如果个别同学在读的过程中发现自己还有障碍的话，欢迎你随时提出来，或同学之间互相解决，或我们全班一起解决。

学习文言文，我们初读要有印象，再读应无障碍，那么三读呢？

生：……

师：三读应该是有感受。所谓有感受，我认为主要的是要理解课文的思想内容和作者的主要观点，并且能够情有所动，心有所悟。

下面，我请一位同学来朗读一下课文。其他的同学在听读的时候也别闲着，请你认真思考，准备用一句话来概括一下这篇文章写了什么。好，谁来读？噢（一位男生举手），很好，毛遂自荐，有勇气，你来读。

生：江宁之龙蟠，苏州之邓尉，杭州之西溪，皆产梅……

师：他读得怎样？

生（全体）：好。

师：我建议给他一点掌声。（全体鼓掌）

师：好的。下面我们就来看看我刚才给大家布置的小任务，即用一句话来概括一下这篇文章写了什么。

师：准备好了吗？

生（部分）：准备好了。

师：请说说。

生 1：我感觉作者是写自己要用毕生的时间和精力来疗梅。不对，是疗病梅。

师：噢。

生 2：我认为写的是：梅被许多文人画士弄病了，"我"准备辟病梅馆来给这些病梅治病。

师：呵，你比之前的同学讲得更具体了，提到了文人画士把梅弄病了。很好。

还有谁要说？哦，你来。（一位学生示意要说）

生3：我觉得作者是写自己要改变梅的"曲"、"欹"、"疏"的病态，让它能够自然正常地生长。

师：哦，你说出了疗梅要疗哪些病态以及疗梅的目的，对吧？

生3：是，是。

师：以上三位同学虽然表述各自不同，但都提到了有人把梅弄病了，作者龚自珍要去疗梅。有没有同学有不同的意见？

（学生沉默）

师：大家不说话了，我想问问大家：龚自珍写《病梅馆记》，难道他仅仅是为了要疗梅吗？或者说他仅仅是为了要表达自己的一片疗梅之心吗？

（学生中有议论声，接着有人举手）

师：好，你来说。

生1：我想，龚自珍写《病梅馆记》，应该是另有所指吧？

师：指什么呢？

生1：……

生2：我在课外读过一本资料，说是清朝对一些人才打压很厉害，譬如大兴"文字狱"什么的，我想这"病梅"应该是暗指那些被统治者摧残的人才吧。

师：哦？你由"病梅"联想到了那些被统治者摧残的人才。

还有同学想说吗？

生3：我觉得文章不仅仅借"病梅"来指那些被统治者摧残的人才，而且还借将梅弄成"病梅"的文人画士来影射满清王朝对人才实行的思想禁锢。

师：噢？你怎么会感受到这点呢？

生3：因为文中不是说文人画士以梅的病态为美吗？文人画士故意让梅变得弯曲、倾斜，不让它以正常的姿态生长。

师：那何以见得文人画士就是满清的统治者呢？

生3：龚自珍是影射的，他在文中说要疗梅，实际上就是要为之战斗，为之冲破思想禁锢。

师：哦，你是这样理解的。

好了，我们三位同学所说的虽然不尽相同，但同样都用了一种方法，那就是"知人论世"法。他们都提到了龚自珍其人，提到龚自珍所处的时代。关于龚自珍，他是一个什么样的人呢？请同学们看课下注释①，由龚自珍的生卒年月，我们知道他是生长在清代的后期。龚自珍自幼就展露出才华，而且拥有政治抱负、政治理想，呼唤政治改革，追求个性解放。

当然课堂上时间有限，我们只能是大概地了解一下龚自珍；课下，我们可以通过网络、书籍等去广泛地了解他的生平经历，我们学校图书馆就有《龚自珍传》，大家课下可以借来读一读。

那么，在这篇文章中，作者到底是在呼唤要涌现出很多的人才，还是在影射满清王朝对人才实行的思想禁锢呢？或者作者还有其他的写作意图呢？我想这还要跟他所处的时代紧密联系起来理解。清代呀，对人才的禁锢是非常厉害的，我们知道，科举制度到了清代已经有了一种法定的文体，这种法定的文体是什么啊？

生（全体）：八股文。

师：对。八股文束缚了人才，束缚了思维，导致了当时朝政日非，人心昏昏，举国上下，人才极度匮乏。龚自珍对当时的封建衰世曾揭露得淋漓尽致，他说：朝廷无才相，兵营无才将，学校无才士，田野无才农，居宅无才工，工厂无才匠，街市无才商，甚至连"才偷"和"才盗"都没有。龚自珍针对万马齐喑的时局，痛感于衰世人才匮乏的社会现状，喊出了时代的最强音，"我劝天公重抖擞，不拘一格降人材"。这就是他著名的《己亥杂诗》的最后两句。（PPT打出《己亥杂诗》）

己亥杂诗

龚自珍

九州生气恃风雷，

万马齐喑究可哀。

我劝天公重抖擞，

不拘一格降人材。

（学生齐读、背诵《己亥杂诗》）

师：除了衰世无人才，满清王朝还如上面一位同学所提到的大兴"文字狱"。如果说八股文是束缚了人才，那么，大兴"文字狱"就是镇压人才。在这里，老师要充当一下活电脑来给大家讲几个历史上有名的"文字狱"案例：

其一：清王朝统一天下之后，害怕"文人"煽风点火对朝廷有所威胁，于是对明朝遗留下来的文人采取招抚安置策略，另一方面对不服从者采取严厉地镇压措施。

清世宗雍正继位之后，"文字狱"风波更加严重，可谓到了"谈字色变"的程度。

翰林徐骏上书奏事，不小心把"陛下"的"陛"字写成了"狴"，雍正见此奏章，认为这是"辱骂皇帝"，立即诏令将徐骏革职。之后，在徐骏诗集中查到"清风不识字，何必乱翻书"两句诗，雍正牵强附会，认为"清风"影射朝廷，"清风不识字"无疑是诬蔑皇帝不识字，于是又下一道圣旨，将徐骏处以死刑。

其二：江西考官查嗣庭，在一年身为考官出试题"维民所止"。试题一出，即有人密告雍正，说查嗣庭试题有影射陛下断头之意。雍正不解，经人解释，"维"字是去了头的"雍"字，"止"字是去了头的"正"字。"雍正"是胤禛的年号，去了头成"维止"，岂不意味陛下断头之意吗？胤禛听信谗言，不禁龙颜大怒，立即下旨把查嗣庭拿解进京，下狱问罪。

此时，查嗣庭糊里糊涂，不知自己身犯何罪，待弄明真相，摇头苦笑道：我出的试题乃是《诗经·商颂·玄鸟》里的话："邦畿千里，维民所止"，意思是"国都附近的千里土地，实是百姓安居乐业的场所"，这是歌颂皇上的圣德，何来反逆之意？胤禛马上差人找来《诗经》和《大学》，见果真有"维民所止"一语，顿时傻了眼，但为顾全自己颜面，强词夺理，硬说"维民所止"就是

"犯上",显属"悖逆"。查嗣庭无辜遭祸,含冤死于狱中。胤禛为了证明自己"正确"、"英明",下令将查嗣庭戮尸枭示,长子坐死,家属充军。

课堂上条件有限,课后同学们可以上网去查查有关清朝的许许多多"文字狱"案例。清政府对人才的镇压真可谓是触目惊心哪!结合这样的历史背景,我们就可以知道,作为一位有着政治抱负的晚清杰出的思想家,龚自珍所写的《病梅馆记》中的"梅"并不是简简单单的"病梅",他在文中所要抒发的是对清王朝遏制人才、扼杀人才的一种痛恨、一种愤慨。

了解了龚自珍其人,以及他所处的时代,透过他所写的"病梅"现象,我们看出了龚自珍写这篇《病梅馆记》的真正目的。由此看来,读一篇文章,特别是古诗文,采用"知人论世"的方法,我们才能真正地读懂它。关于"知人论世"这一点,请同学们作一下笔记,并在今后的阅读中务必注意运用。

(学生作笔记)

师:"知人论世",需要我们平时积累或临时搜集、查找相关的知识和资料。运用"知人论世"的方法来真正地读懂文章,可以说是屡试不爽的。如果是在平时的课堂上、甚至在考试中,你不方便或既不能查书本资料,又不能上网"百度"资料,也就是说你难以做到"知人论世",那么,有没有其他的一些辅助方法来帮助你真正地读懂文章呢?

生:课堂阅读,看看文章下面有没有关于作者及写作背景的注释,还可以看看阅读提示中有没有相关"提示"。

师:你说得对。那如果是考试呢?

生:也要看看文章下面有没有作者及写作背景的相关注释。

师:是啊,试卷上若有相关注释,那么这些注释一定是有用的,它可以帮助我们更好地理解文章,不能把出卷人所给的有关注释不放在眼里。

除了这些,还有没有其他的抓手呢?之前有同学说,本文还借了将梅弄成了"病梅"的文人画士来影射了满清王朝,我觉得这一点体会得很好。但我想提醒大家,在这里有一个小方法可以发掘出来。你们看课文第一段第二行末尾一句"此文人画士心知其意,未可明诏大号以绳天下之梅也",这一句中有一个"诏",什么是"诏"啊?

生:上对下的告诉。

师:没错。但"上对下的告诉",这个"上"实质上还有特定的对象,专用在谁的身上啊?

生:应该是皇帝吧?

师:哎,皇帝。秦朝以后,"诏"这个字就专用于皇帝了。如"奉天承运,皇帝诏曰"。因此,龚自珍文章中的文人画士何以能"诏"呢?这就是之前有同学体会到的它实际上是一种影射。文人画士想要病梅,清朝的统治者想要摧残、压制人才,而作者"穷予生之光阴以疗梅",就是要穷尽自己一生的光阴来挽救人才、呼吁解放人才。这样,通过文中的一些关键信息,我们同样也能把握、理解作者的行文意图。

好,在理解课文的基础上,我们一起来朗读一下课文。

(学生集体朗读课文)

师:大家读得比较流利,但作为朗读啊,老师感觉还缺一点什么,缺什么呢?

生(部分):缺感情。

师:是啊,朗读就要有感情地去读。现在我们在整体感知了课文后,已经知道了文中"病梅"的意思不仅仅是指病态的梅,它是指被统治者所摧残的人才。因此,这篇表面上看似写梅的文章,实际上字字含泪。所以,同学们现在读这篇文章时应该有这种新的感受,并把这种新的感受通过你的读传达出来。譬如:在第一段结尾"文人画士之祸之烈至此哉"这一句,集中地表达了作者对统治者扼杀人才的感慨,"烈"是"酷烈"的意思,读这个"烈"字时应该带有痛惜、愤懑的感情色彩,要传达出这种感情,读时字音应适当加重、加长。我来试着读一下吧。

(老师读,学生鼓掌)

师:好,下面我建议大家也像我一样,来试着找找文中你有了新的感受也就是让你心有所动的字、词或者句子,并通过读来传达出你的感受。如果找好了,邻座的同学先可以互相交流交流。

(学生各自找,并相互交流。老师巡视)

师:好,看来差不多了。下面我请几位同学说一说、读一读。

生1:我想说的是第二段的几句话:"予购三百盆,皆病者,无一完者。既泣之三日,乃誓疗之、纵之、顺之,毁其盆,悉埋于地,解其棕缚;以五年为期,必复之全之。"这里的"泣"表现了龚自珍为病梅实际上是为被摧残的人才而感到痛心;而"誓"、"疗"、"纵"、"顺"、"毁"、"埋"、"解"、"复"、"全"等则表明了作者挽救人才的决心,并付诸行动。

师:你是围绕这一句子中的一组动词来谈你的感受的,很好。那么,在朗读这些动词时,你怎么来处理呢?

生1:我感觉除了"泣"应读得低沉一些,其他的动词应读得响亮、急促些。

师:好,你来给大家读一读。

(生1读,有些紧张)

生1:不好意思,我没读好。我可以再来一次吗?(全体笑)

师:行。你有这样执著的勇气,值得大家学习。你先放松,自我调整一下。

(生1再读。全体鼓掌)

师:这一次,他读得确实好多了,把作者那种急切地挽救人才的决心和热情都读出来了。好,其他的同学请继续说说。

生2:我要说的也是第二段,结尾"予本非文人画士,甘受诟厉,辟病梅之馆以贮之"这一句中,"甘受"这个词我的感触很深,这说明龚自珍为了拯救人才,他是不顾个人得失的,让我很感动,很佩服。

师:嗯,也请你来读一读。

生2:(大声诵读)"予本非文人画士,甘受诟厉,辟病梅之馆以贮之"。

师:很好。他把龚自珍为了拯救人才而甘愿忍辱负重的情怀给读出来了。

还有没有同学想说？哦，有人示意我了，好，请你来说。

生3：我说的是最后一段："呜呼！安得使予多暇日，又多闲田，以广贮江宁、杭州、苏州之病梅，穷予生之光阴以疗梅也哉"。这里的"安得"应该是"怎么能够得到"的意思吧？

师：没错。

生3：虽然第二段中龚自珍表明了自己疗梅即挽救人才的坚决态度，但在这里通过这一反问句，我感觉龚自珍有一种担忧，担忧自己的"暇日"和"闲田"不够多，从而不能更多地拯救被统治者残害的人才。

师：你把这一句读一读，好吗？

（生3有感情地朗读，全体鼓掌）

师：从你的朗读中，我们仿佛看到了一个忧国忧民的龚自珍。可是，面对拯救人才过程中的"诟厉"或困难，作为一个政治家、思想家，龚自珍虽有担忧，但他会退缩吗？

生（全体）：不会，因为最后他不是说"穷予生之光阴以疗梅"吗？

师：是啊，在这里，我们看到的仍然是一个激情的龚自珍、战斗的龚自珍。

好了，刚才同学们在整体理解课文的基础上，又抓住文中一些自己有所感触的字、词、句进行了交流和朗读。由于课堂上时间有限，课下同学们还可以就文中譬如第一段的某些字、词、句来进行体会。

下面，我们带着自己的感悟一起再来把课文朗读一遍。

（全体学生齐声朗读）

师：我仔细听了，与上次比较，你们这次齐读有明显进步。

通过今天的学习，我们感受到：阅读一篇文章，我们不仅要做到学有所得、情有所动，还要做到心有所悟。

100多年前，龚自珍写下了这篇《病梅馆记》，疾呼要尊重人才，解放人才。在今天，我们也经常听到这样的一句流行之"问"：21世纪最缺乏的是什么？

生（集体）：人才。

师：是啊，21世纪最需要、最缺乏的就是人才。所以，希望同学们今后能够像龚自珍一样关注生活中的病梅现象。

好，今天的课就上到这里。下课。同学们再见！

生：老师再见！

【教学反思】

文言文学习，学生首先碰到的就是字词障碍。《病梅馆记》这篇文言文的教学，我比较注重学生对文言字词的把握。如对实词"欹"、"病"，以及虚词"以"、"之"等的理解。同时，还注意交给学生一定的方法，如"梅以曲为美，直则无姿；以欹为美，正则无景；梅以疏为美，密则无态"这一句，提醒学生：在古诗文中，有一些对仗工整的句式，它的相同位置上的字或词，意思往往是相近或者相反的，因此，我们可以由它的相同位置上的已知字、词的意思来推断未知的字、词的意思。利用这个方法，学生即使不看课文后的注释，也能轻松地推断出"欹"在文中的意思。关于阅读文言文的方法，我重点是教学生学会"知人论世"。通过这种方法的介绍，让学生深入地了解作者的创作动机和写作背景。教给学生这样的一些方法，目的是想达到"教是为了不教"的目的。

《病梅馆记》篇幅不长，全文只有短短的300余字。由于在课前的预习中，我没有特别强调学生去查找有关清王朝对人才残酷压制的政治历史背景，所以，这节课的后一部分，我讲得比较多，因此，浪费了一些时间。以至于课堂上没有足够的时间让学生去充分地读课文，也失去了让学生当堂背诵这篇短文的机会。在此，我提醒自己：上课前，要让学生充分预习，并让他们自己获得必要的知识准备；课堂上，要把更多的机会和时间交给学生，让学生真正成为课堂的主体。

2. 原来她也是个美丽动人的女人

——《项链》教学实录与反思

时间：2010年3月
年级：高一

师：同学们，今天这节课我们一起来学习莫泊桑的短篇小说——《项链》。

首先，我请一位同学来板书一下课题——《项链》。

（一位学生板书结束，全班学生议论声顿起）

师：怎么？你们发现了什么吗？

生（全体）："项链"的"链"字写错了。

师：哦？错哪儿了？

生（全体）：左边的偏旁"钅"写成斜"王"旁了。

师：呵，群众的眼睛是雪亮的。

是啊，"项链"是用金银、珠宝等制成的挂在颈上的链条形状的首饰。所以，"链"的偏旁应该是"钅"。

师：（面对板书的学生）请你将自己写的"琏"改正一下吧。

师：课前，我布置同学们预习课文了，下面就来看看大家预习的情况怎么样。

首先，请同学们来看几个歇后语。

（出示PPT）

霸王别姬——无可奈何

半空中放爆竹——想(响)得高

半天云里踩钢丝——提心吊胆

擦胭脂进棺材——死要面子

背媳妇过独木桥——又惊又喜

师：这些歇后语都非常生动有趣。请同学们结合课前预习情况，看看哪一个歇后语和《项链》中玛蒂尔德的性格较为贴近？

生（全体）：擦胭脂进棺材——死要面子

师：好，看来大家在课前确实预习过了。下面我们一起来试一试身手。请看PPT，再阅读课文，根据《项链》的有关情节，针对三个不完整的歇后语分别填上一个动词、一个短语，使它们分别成为符合原文意思的歇后语。

（出示PPT）

玛蒂尔德	借项链	死要面子
玛蒂尔德	？项链	？
玛蒂尔德	？项链	？
玛蒂尔德	？项链	？

（学生阅读小说，填写歇后语"？"处的动词、短语）

师：我请先写好的同学上黑板来填写。注意：只写动词和短语。

（学生上黑板写）

生1：

戴　　风光无限

掉　　失魂落魄

赔　　倾家荡产

生2：

丢　　惊慌失措

找　　心急如焚

赔　　身心疲惫

生3：

戴　　兴高采烈

找　　焦头烂额

还　　毅然决然

生4：

戴　　沉迷陶醉

丢　　晴空霹雳

赔　　人财两空

生5：

戴　　心满意足

丢　　惊恐不已

赔　　苦不堪言

师：看来同学们对小说的情节已经掌握得较清楚了。不过，上黑板来写的几个同学中，大家觉得哪位同学写的跟原文情节较贴近？首先，我们来看看几位同学用的动词准确吗？

生：我感觉动词"掉"没有"丢"好。

生1：对，对，有道理。我来改一下。

（生1上黑板改"掉"为"丢"字）

师：同学们的"感觉"是对的，"丢"好就好在它的指向更明确。另外，"丢"常常跟哪一个动词连用啊？

生（集体）：失。

师：所以，"丢项链"这个情节也可以说"失项链"，其指向都是明确的。

师：再看看其他的动词有不妥的吗？

生：没有了。

师：好。再来看看同学们写的短语，有没有跟小说情节有出入的？

生：我认为第4位同学写的"人财两空"太过了。

师：哦？为什么？

生："人财两空"一般是指人和钱财都没有着落了。从原文看，玛蒂尔德赔项链后，她的家庭变得更贫穷了，导致"财空"，没错。但对玛蒂尔德本人来说，因赔项链她付出了10年的艰辛，人也衰老了，不再"美丽动人"了，她最大的损失是自己的容貌。如果说是"两空"，那应该是"貌财两空"，这样更符合小说的情节。

（全体学生自发鼓掌）

师：从同学们刚才写的、说的和掌声中，我觉得大家对小说的情节掌握得很熟。不过，我发现有一个问题，5位上黑板的同学写的最后一个情节都不约而同地是"赔项链"，这跟原文吻合吗？请同学们顺着文中"赔项链"这个情节再阅读小说。

（学生阅读小说，有人示意要发言）

生1：玛蒂尔德赔项链之后，有一次她在极乐公园散步时碰到了她的好友佛来思节夫人，知道了她当年向好友借的那串项链原来是假的，所以，"赔项链"这个情节之后还有一个情节。

师：请你给这个情节在"项链"前填一个动词。

生1：填……填"知"吧。

生2：我觉得填"识"字更好，因为项链是假的，对假的东西通常说"识别"嘛。

师：有道理。根据小说情节，在"识项链"后，请同学们再填一个短语。

生3：悔不当初。

生4：感叹不已。

生5：追悔莫及。

师：很好。请同学们在你们的笔记中添加上这个情节。

师：小说以项链为线索，写了借项链、丢项链、赔项链、识项链这样的故事。在这些情节中，"丢项链"是玛蒂尔德命运变化的转折点。课前，我要求同学们也来当一回作家：请你们设身处地想一想：项链丢失后,玛蒂尔德有没有别的办法？并让同学们以小组为单位,集体形成200字左右的文字。各小组已经准备好了吗？

生（全体）：准备好了。

师：下面我们按小组顺序来交流吧。

为了让交流更直观些,我建议每个小组将你们的作品用投影仪来投影一下,同时,每个小组选一个同学来朗读。大家看怎样？

生（全体）：好！

师：每个小组尽快准备一下。开始。

小组1：玛蒂尔德丢失项链后,他们夫妻二人魂飞魄散,多方寻找未果。夫妻俩垂头丧气地回到家里。

夜已很深,但他们睡意全无。玛蒂尔德靠窗坐着,目光呆滞;路瓦栽坐在沙发上,双手抱头,对着地板发呆。突然,玛蒂尔德对路瓦栽说:"我们不可能赔偿得起如此贵重的项链,我们走吧,逃到一个谁也不认识我们的地方,隐姓埋名重新生活！"路瓦栽先是吃惊,继而犹豫,但最终还是答应了。

第二天,玛蒂尔德辞掉家里的佣人,路瓦栽也辞去了自己的工作。接着,路瓦栽夫妇便消失在这座城市之中。

小组2：玛蒂尔德丢失项链一个星期了,她和丈夫东挪西借着凑钱准备买一条跟原来一模一样的项链赔上。可是,他们去过许多家珠宝店都没找到和那条一模一样的项链,怎么办？怎么办？昨天,佛来思节夫人又打来电话催要那条项链,这事实在是火烧眉头,眼看纸已包不住火了。

第二天,佛来思节夫人终于上门来了。玛蒂尔德结结巴巴地说:"珍妮,对……对不起,实不相瞒,那……那天舞会结束后,你的那条项链被我弄丢了。我实在抱歉,但我会赔你的！哪怕……哪怕让我去签破产契约……"佛来思节夫人打断了玛蒂尔德的话:"好了,你别急,其实,我的那条项链是假的,最多值五百法郎！""什……什么？不是真的？你是说你借我的那条项链是假的？哦,天哪！"玛蒂尔德惊叫起来,紧接着,她激动地一把抓住佛来思节夫人的双手:"珍妮,你的那条项链是在哪个商店里买的?现在我就去买来赔你!"

小组3:舞会结束,项链丢了。玛蒂尔德和丈夫都愁苦不堪,他们快病倒了。路瓦栽一筹莫展,他不停地对玛蒂尔德说:"我们到哪里去弄那么多的钱来赔偿呢?""也许,我们可以先还一串假的项链过去。"玛蒂尔德灵机一动地对丈夫说。"这可是欺诈!亲爱的。"路瓦栽从椅子上跳了起来。然后,两个绝望的人又陷入了无边的沉默中。

不知过了多久,玛蒂尔德又执拗地开导着丈夫:"只要外表精美没区别的话,她应该看不出吧?""也许……也许。"路瓦栽把头埋在双臂之间:"珍妮珠宝很多,也许,也许她不会发现。"于是,夫妻俩东拼西借,凑足了五百法郎,买回了一条看起来跟原来一模一样的项链。

当玛蒂尔德带着那条买来的项链去还她的朋友时,她的心里忐忑不安,此时,她觉得自己是多么的卑微、多么的肮脏啊!

1年,2年,3年……10年过去了,玛蒂尔德每天都在担惊受怕:珍妮如果发现了我还的项链是假的,她会怎样看我?她会把我当成贼的!哦,天哪……

玛蒂尔德一次次推掉了那晚在舞会上认识的名流发来的请柬,她再也不敢出门。她的脸不再光彩照人,目光呆滞,动作也变得迟钝。她常常一个人对着天花板发呆,口中喃喃自语:"如果那晚不去参加舞会,如果那晚不丢项链……"日复一日,年复一年,她就在心里一直这样纠结着,整个身心始终笼罩在无边的阴影之中。

小组4:项链丢了之后,玛蒂尔德和路瓦栽十分焦急。第二天他们找到了与那条一模一样的项链,但发现竟然要40000法郎!40000法郎,他们仿佛一下子跌到了深渊!因为他们根本没有能力支付如此大的一笔费用。

回到了家里后,玛蒂尔德动起了歪脑筋,她决定谋杀佛来思节夫人,之后就远走高飞。她将她的想法告诉了她的丈夫路瓦栽。路瓦栽听了,神色慌张并坚决反对。但玛蒂尔德步步相逼,路瓦栽无可奈何,最终答应了妻子。他俩精心谋划,终于暗杀了佛来思节夫人,随后夫妻二人便从这个城市"蒸发"了。

小组5:项链丢了,面对这飞来的灾祸,玛蒂尔德脸色惨白地呆坐在那里。朦朦胧胧里,她的内心仍沉浸于舞会唯美的梦幻中。华丽的着装、精致的点心,以及美轮美奂的灯光,来往的都是些达官贵人。或许一件珠宝对他们来说没有什么大不了的吧。骨子里不甘贫穷的玛蒂尔德下定决心要去找舞会里一直对她频频献殷勤的部长。她知道自己有的便是年轻和丰韵的资本,在好色的部长怀里或许骗取一条项链是件易事,指不定还能飞上枝头做那夺人眼球的凤凰。对,去找部长!主意就这么打定了。

第二天,玛蒂尔德强打起精神,精心打扮了一番就去找部长。正如她所料,部长对玛蒂尔德的到来感到欣喜万分。玛蒂尔德鼓起勇气把昨晚舞会上丢失项链的事情向部长说了。还没等她说完,部长就笑呵呵地对着她问:"那项链值多少钱?"玛蒂尔德怯生生地回答:"大概要40000法郎。""哈哈,我还以为是多少钱呢,没什么,我给你买一条得了。不过,我可有一个条件哦,你得跟路瓦栽离婚,然后跟我结婚。怎么样?"玛蒂尔德万万没有想到部长会开出离婚的条件,她没有马上答应部长,她说让她想想,3天后再给部长答复。

第三天,玛蒂尔德告诉部长,她愿意离婚跟他结婚。玛蒂尔德用部长给的40000法郎买回了那条项链,随即她把项链还给了佛来思节夫人。

小组6:杳无音讯的项链,使玛蒂尔德的心都碎了。她呆坐在家里,一抬眼,看到的是黯淡的墙壁,破旧的家具,这些都无声地告诉她,自己太穷了,无论如何她是无法支付起那条钻石项链高昂的费用的。她有气无力地捋了捋披散的头发,然后无精打采地从椅子旁站起来,从抽屉里拿出了一瓶安眠药,又倒了些水。她来到床前,双手合十,祈祷了许久,然后服下了整整一瓶能令她长久"安眠"的药,继而平静地躺到了床上。药效开始显现,迷迷糊糊中,玛蒂尔德感觉眼前金光闪闪,美轮美奂,仿佛自己又回到了那晚的舞会中……

(六个小组投影、朗读结束)

师：同学们的创作可谓百花齐放，异彩纷呈。在大家的笔下，小说中人物的性格也发生了变化。有的选择了逃避，有的选择了坦诚相告求得谅解，有的选择了勇敢面对，还有的选择了曲线救己，不惜离婚、谋杀，甚至轻生等。也许，莫泊桑在创作这篇小说时，同学们想到的有些情节他可能也想到了，但是（出示PPT）作者却让玛蒂尔德用10年的艰辛来换取一条假的项链。请同学们先把自己创作的故事与莫泊桑创作的故事加以比较，想一想：你设计的情节，玛蒂尔德的性格如此这般，作者莫泊桑笔下的玛蒂尔德性格又是什么样的呢？

（学生思考）

生1：玛蒂尔德对自己的现状极为不满，她爱慕虚荣，梦想荣华富贵。

师：何以见得？请你从小说中找文字依据。

生1：尽管玛蒂尔德出身寒微，但课文第三自然段开头写道："她觉得她生来就是为着过高雅和奢华的生活，因此她不断地感到痛苦。"接着，这一段及第四自然段接连用了7个她"梦想"，说明玛蒂尔德爱虚荣，向往荣华富贵。

生2：玛蒂尔德很向往贵妇人的生活，崇拜有钱的同学。那有钱的同学——佛来思节夫人是她的好朋友，但是她除了在借项链这件事情上去跟她见过以外，别的事情上，却没敢去和她进行过交流。

师：为什么不敢去？

生2：因为她感觉自己和她有身份的差距。这种"感觉"就是虚荣心。

生3：参加舞会前，玛蒂尔德为没有像样的衣服和首饰而烦恼、郁闷、生气；参加舞会时，因在夜会上大获成功，她狂热、沉迷、陶醉，这些都是典型的虚荣心理。

师：玛蒂尔德的性格仅仅是爱慕虚荣这一个方面吗？她后来的性格改变了没有？

生（全体）：改变了。

师：改变了吗？改没改变，还是得有依据，请在文中寻找答案。

（学生翻书，阅读小说，寻找答案）

生4：玛蒂尔德改变了。10年前，她美丽动人，参加舞会，所有人都想跟她跳舞；10年后，她成了一个穷苦人家的粗壮耐劳的妇女。胡乱地挽着头发，歪斜地系着裙子。外貌变了，前后有天壤之别。

师：外貌变了，性格变了没有？

生5：性格也变了。10年前她爱慕虚荣，成天幻想、做梦，梦想着……梦想着……出席夜会时，她不穿寒碜衣服，没有衣服参加舞会就烦闷、流泪；没有首饰，也不愿戴花，向人借首饰来装扮自己。

师：10年之后呢？

生6：她不再梦想，不再贪图享受，懂得穷人的艰难生活。为了赔项链，她显出了英雄气概，变得吃苦耐劳。课本第11页的第1～6自然段集中体现了这些。

师：请你将第11页的第1～6自然段朗读一下。

（学生6朗读）

生7：玛蒂尔德的改变还体现在她再也不像以前那样死爱面子了，她十分坦然地告诉了朋友真相。

生8：不像以前那样死爱面子，还表现在：10年前，她没有像样的衣服和首饰便要死要活，不去参加舞会；10年后，因为挣钱赔项链，她已经很丑、很老了，但遇到朋友竟主动上前打招呼。如果性格没变的话，她是绝不会上前去打招呼的。

生9：小说最后，倒数第三行："于是她带着天真得意的神情笑了"，这里的"天真得意"，说明玛蒂尔德性格的确变化了。

生10：（疑惑地）我跟大家的看法有些不同。我觉得玛蒂尔德的性格好像没有变。因为从课本11页顺数第7段中看，10年之后，玛蒂尔德虽然同丈夫一起艰辛地还清了债，"但是有时候，她丈夫办公去了，她一个人坐在窗前，就回想起当年那个舞会来，那个晚上，她多么美丽，多么使人倾倒啊！"从这些文字看，玛蒂尔德依然还沉迷于当年的那个让她风光无限的舞会里，她爱虚荣好像没有变。

师：你很细心，注意到了文中的这段文字。其他同学有没有注意到？

生：（翻书）注意到了。

师：玛蒂尔德的性格到底变了没有？能否一概而论？

（学生沉默，一时没有反应）

师：前后左右同学可以讨论一下。

（学生讨论后，继续发言）

生1：不好说。

生2：我也说不清楚。好像变了，又好像没有变。

师：同学们感觉说不清楚，其实正说明你们的感觉是对的。我认为，这正是人的性格复杂性的表现。正如这篇小说，假如有人要问玛蒂尔德到底是一个好人还是坏人，我们就难以回答。她爱慕虚荣，不好；可是她诚实守信，吃苦耐劳，勇于担当责任，又很好。玛蒂尔德经过10年的艰辛，正如同学们刚才所说，她的性格确实有了明显变化。可是一旦闲下来，她又会想起那一夜晚会上的无限荣耀，这个给她带来艰辛的一夜，其实也曾给出身低微的她带来精神上的满足。所以，人与过去作彻底决裂，往往是很难的。这也是人的复杂性的体现。但不管怎么说，有一点是肯定的，那就是：10年前，玛蒂尔德的性格中爱慕虚荣、贪图享乐占了上风；10年之后，她的性格以诚实、勤劳、勇于担当责任为主。丢项链对玛蒂尔德而言，与其说是使其步入苦难的边缘，毋宁说是使其走向成熟、重新认识自己的起点。她的性格因此也完成了由错位到复位的转变。这点大家能认同吗？

生：认同。

师：好，下面请同学来小结一下莫泊桑笔下的玛蒂尔德。

生1：小说主人公玛蒂尔德的性格包含两个方面：一方面，玛蒂尔德是一个爱慕虚荣、梦想荣华富贵、贪图享乐的人；另一方面，她又是一个诚实守信、能够吃苦耐劳、勇于承担责任的人。

师：也就是说玛蒂尔德的性格是多元的，立体的，复杂的，对吗？

生：对。

（老师板书：玛蒂尔德：爱慕虚荣、贪图享乐；诚实守信、吃苦耐劳、勇担责任——多元、复杂）

师：在莫泊桑的笔下，主人公玛蒂尔德的形象是丰满的，真实的，符合生活实际的。

事实上，人性是复杂的，人的好坏是一种比较宽泛的界定，不可能坏人就绝无一点优点，是好人就绝无一点缺点，正所谓：金无足赤、人无完人。

师：请同学们继续总结。

生2：玛蒂尔德在丢项链之后，性格发生了变化，但有时在回想那一晚舞会上的风光时，又让她意往神驰。

师：你的意思是不是说玛蒂尔德的性格变中有不变，不变中又有变？

生2：是。

师：说得好。

（老师板书：变中有不变，不变中有变）

师：是啊，人物的性格变化也不是绝对的，变中有不变，不变中有变，这才是真人，符合客观实际的人。

以上，同学们对小说主人公玛蒂尔德的性格作了一个很好的总结。这些（指点板书）请大家做一做笔记。

（学生做笔记）

师：最后，需要说明的是：小说主人公玛蒂尔德个人的悲剧其实也是法国当时社会的悲剧。

（出示PPT，介绍时代背景。内容如下）

19世纪80年代的法国，资产阶级骄奢淫逸的糜烂生活和唯利是图的道德观念影响到整个社会，追求享乐、爱慕虚荣，成为一种社会风气。这种风气在小资产阶级当中同样盛行，他们羡慕上流社会，爱慕虚荣。作者长期在政府小科员圈子中生活，对于他们有很深的了解。

师：比如小说中其他男宾的妻子也都与玛蒂尔德一样在舞会上"舞得快

活",又如路瓦栽夫妇离开舞会时坐的是只有夜间才出来拉晚活的破马车等细节,这些都表明了当时的社会风气,也表明了玛蒂尔德的悲剧故事并不是特殊的个例。

小说既批判了玛蒂尔德的爱慕虚荣,也对玛蒂尔德因爱慕虚荣导致的悲剧寄予了同情,对当时法国社会现象进行讽刺;同时也对玛蒂尔德遭受不幸而不沉沦,遭遇逆境而敢于奋起的坚强、负责、勇敢的精神给予了充分肯定。同学们从文中读到了为人不可过度虚荣;读到了做人要讲诚信,要有尊严;读到了面对艰难要勇敢接受等。我想,在读了这篇小说后,如果你觉得对你"在以后的人生路上怎么走"有所启迪,那么我们学习此文就有所收获。

今天的课外作业(出示PPT):以《原来她也是个美丽动人的女人》为题,写一篇读书笔记。

好,今天的课就上到这里,下课。同学们再见!

生:老师再见!

【教学反思】

多次执教《项链》,学生初读小说,对其中女主人公玛蒂尔德的看法几乎是完全一致的:爱慕虚荣,贪图享乐,是一个被资产阶级虚荣心腐蚀而导致丧失青春美貌的悲剧形象。但果真如此吗?这些看法符合莫泊桑的创作初衷吗?难道我们从莫泊桑的小说中就没有别的体会吗?对主人公玛蒂尔德就没有别的看法吗?玛蒂尔德丢失项链这一故事的中心事件,对她一生构成的到底是悲剧还是喜剧?她的生活从那一时刻起到底发生了什么转变?她的性格从那个晚上起到底产生了哪些变化?教学中,这些问题都值得我们去追问,去推敲。

怎么追问?怎么推敲?这就要求教学要深入文本,更加看重文本本身的价值。换言之,玛蒂尔德是个怎样的女性,应该让学生从作品中去考察,去认识。因此,在《项链》教学之前,我让学生带着任务预习,布置作业,让学生也来当一回作家——设身处地想一想：项链丢失后，玛蒂尔德有没有别的办法？并让学生以小组为单位，集体撰写200字左右的文字。目的是让学生走进文本，走近主人公。上课伊始，我让学生针对文中玛蒂尔德性格选择贴切的歇后语，再根据小说的情节让学生给几个不完整的歇后语分别填写符合文意的动词和短语。这样做的目的也很明确：一是检查学生预习情况；二是让学生再读文本，走进文本。从检查的结果看，学生对小说情节掌握得较清楚，课前预习较认真。课中，在对课前以小组为单位集体创作的故事交流的基础上，请学生把自己创作的故事与莫泊桑创作的故事加以比较，然后依据文本深入探究：作者莫泊桑让玛蒂尔德用10年的艰辛来换取一条假的项链，莫泊桑笔下的玛蒂尔德的性格又是什么样的呢？这样让学生步步走近玛蒂尔德，了解玛蒂尔德，从而认识玛蒂尔德——原来她也是个美丽动人的女人。

走近玛蒂尔德，让学生认识到了为人不可过度虚荣，贪图享乐；走近玛蒂尔德，让学生认识到了做人要讲诚信，要有尊严；走近玛蒂尔德，让学生认识到了面对艰难要勇敢接受，敢于承担责任。这些是我在本节课的设计和教学中希望努力达成并实现的目标。

3. 价格虽低　品格极高

——《一碗阳春面》的教学实践与反思

为了帮助教师在"行动教育"中成长,今年,我们学校语文教研组开展了"三阶段两反思"的教学科研活动。大家合作备课、听课、评课、研究,并在学校专门请来的课改专家的课堂教学指导下改进,在这一系列行为跟进的全过程反思之后,使得我们教师获得了新的理念,并在实践中真正逐步改善自己的教学行为。

参加"三阶段两反思"的教学科研活动,对我来说,是一次崭新的探索机会。在这次教学研究活动中,我选择了日本作家栗良平的小说《一碗阳春面》为课例,用自己的教学设想与专家、同事的丰富经验相结合,来探索行之有效的教法及学法。

【教学设想】

《一碗阳春面》是一篇课内自读课文。"阳春面"价格虽低,但小说中吃面的主人公品格极高。全文洋溢着浓浓的人情味和齐心协力、艰苦奋斗的精神,传达给我们关于生活的哲理,是一篇典型的以情动人的小说。根据这一内容,在教学过程中,我设想:以四次吃面时母亲要面的语言描写为切入点,重点让学生落实对小说主题的品味。

【教学过程】

（第一堂课）

• 导语：上个世纪 80 年代末，在日本，许多文学杂志纷纷转载着一篇小说，同时，这篇小说单行本一出版即被抢购一空，电视台也多次播放作者亲自"口演"这篇小说的情况。这就是我们今天要学习的小说——《一碗阳春面》。

• 检查预习情况，明确小说吃面时间、地点、次数、碗数，母子的衣着——梳理主要情节（四次吃阳春面），了解故事。

• 母亲四次要面的语言描写，让学生先找，后朗读，再出示 PPT：

……唔……阳春面……一碗……可以吗？

……唔……一碗阳春面……可以吗？

……唔……两碗阳春面……可以吗？

唔……三碗阳春面，可以吗？

明确：四次要面时母亲的语言描写，体现了母亲的心理变化过程。引导学生把握这一变化。首先引导他们注意，四次要面时母亲话语内容的变化。最先让他们注意标点符号的变化，每一次讲话时少了一个省略号，这里的省略号的作用是表示声音断断续续，说话支支吾吾。为什么支支吾吾？因为难为情。少了一个省略号，就少了一回支支吾吾，少了一回支支吾吾，就少了一份难为情，少了一份难为情就多了一份自信。接着让学生注意四次要面碗数的变化——由一碗到两碗再到三碗，且第一次把要面的数量，也就是"一碗"放在后面，这样一倒装，更显出母亲的难为情。第三次比第二次在面的数量上有所增加，一碗变成了两碗，也使母亲少些难为情。第四次母亲要了三碗面，显得非常平静。

• 母亲由非常害羞地开口要一碗阳春面，到少一些害羞，再到非常平静地说出要三碗阳春面，这里面有一个变化发展，其原因是什么？

明确：因为他们母子三人战胜了困难，经济状况得到了一定的改善——

根本原因。

- 母子三人战胜困难的依靠是什么？

明确：母亲对儿子的爱护，儿子对母亲的孝敬，兄弟之间的友爱。或者概括地说，是一家人的团结拼搏，负重奋进。团结，不屈，向上，奋斗，是这个弱小家庭从逆境走向光明的关键因素。

（板书：团结　不屈　向上　奋斗）

- 除了这个关键因素，还有没有别的因素？

明确：店老板夫妇给了母子三人同情、温暖、帮助、尊重、祝福。母子三人第一次去吃面的时候，店老板就多给了半碗面——这是帮助；第二次，老板将熄灭的炉火点起来——这是温暖；第三次，为了少收 50 元钱改了价格——这是尊重；还是第三次，当母子三人的不幸遭遇被老板夫妇获知后，他们面对面蹲着掉泪——这是同情；而每一次，老板娘都以一句"谢谢，祝你们过个好年"送走母子三人——这是祝福。

- 店老板夫妇将母子三人坐过的二号桌定为"预约席"，并让它出了名，成为"幸福的桌子"，这又说明了什么？

- 文中哪些句子最感人？请大家结合自身实际来谈一谈。

学生找感人句子。

老师巡视，并与学生个别交流：母子三人前三次吃面时的外貌描写最感人。三次，母亲穿的都是那件不合时令的斜格子短大衣，这大衣到后来就褪了色。而两个孩子开始都穿着崭新的运动服，第三次的时候，弟弟穿起了哥哥的旧衣物。这说明母亲爱孩子，孩子后来也能体谅母亲……

【教学反思】

在这篇小说的教学过程中，为了让学生把握文章的主旨，我没有直接告诉他们主旨的内容是什么，而是注重对学生的引导，以四次吃面时母亲要面的语言描写为切入点，引导学生注意四次吃面时母亲话语内容（碗数、省略号、倒装)的变化,从抓住四次吃阳春面的变化过程,让学生领悟到母子三人在逆境中团结一致、顽强抗争、战胜困难的精神。这个"切入点"较好,受到了听课专家和同事们的充分肯定。但专家指出,学生领悟到母子三人在逆境中团结一致、顽强抗争、战胜困难的精神,这只落实了对小说主旨的表层领悟,还没有让学生真正品味其内涵。为什么这篇小说一经发表,在日本曾引起轰动?探明其个中原因,才能真正品味小说的内涵。

根据专家的建议,加之自己感悟到第一节课后半部问题的设计欠精练,有多、杂之嫌的教学实际,因而在另一平行班级的再次教学中,我在认真总结的基础上,适当取舍,分清主要矛盾和次要矛盾,把教学的重点放在引导学生由对小说主旨的表层理解到深层品味其内涵上。至于在第一节课中涉及的如:店老板夫妇将母子三人坐过的二号桌定为"预约席",并让它出了名,成为"幸福的桌子","这说明了什么"等次要问题,干脆予以舍弃,让学生在预习(泛读)的基础上围绕"重点"进行精读,从而以点带面,以达到"轻负担,高质量"、提高课堂教学效率的目的。

【教学过程】

(第二堂课)

- 导语。(略)
- 检查预习情况,明确小说吃面时间、地点、次数、碗数,母子的衣着——梳理主要情节(四次吃阳春面)。
- 母亲四次要面的语言描写

(学生先找出来。老师利用PPT显示,选择学生朗读)

明确:四次吃面母亲要面时的语言描写,引导学生注意母亲话语内容——碗数、省略号的变化。让学生了解这一变化暗示了一个情节,母子三人逐步开始摆脱困境。(同第一节课)

- 母子三人是怎样战胜逆境的?

（选择学生分角色读第三次吃面时的人物对话。）

明确：母子团结一致、顽强抗争精神——落实对小说主旨的表层领悟。

• 设疑琢磨：

①这篇小说一发表，在日本曾引起轰动，当时日本各报刊纷纷转载，电视台也多次播放作者的"口演"，为什么？

（引导学生探究其原因：母子三人吃阳春面的平凡小事，引起了日本人民强烈的共鸣）

②共鸣，必有相通之处，这个故事在哪点沟通了日本人民的感情？

（"一碗阳春面"价格虽低，但吃面的母子三人品格极高。同时联系"二战"后日本人民团结一致，在废墟上建成了一个经济强国的史实，从更深层次领悟小说的主旨——通过母子三人吃阳春面的动人故事，歌颂日本人民在逆境中团结奋斗、顽强抗争的民族精神）

• 他山之石，可以攻玉。

让学生讨论：读此小说的现实意义。

明确：当国家民族遇到困难的时候，当我们的工作、学习、生活遇到挫折的时候，都需要发扬这种团结奋斗、顽强抗争的精神。

（学生课下形成书面文字，字数不限）

【教学反思】

这节课，我修正了第一节课对小说主旨的品味只停留于表面和教学内容过多的缺陷，在学生泛读课文的基础上，选准精读点，仍从第一节课采用的较为小巧的切入点（四次吃面母亲要面时的语言描写）入手，直奔小说主题的品味，逐步引导学生落实由表层的理解到深层的领悟，真正品味其内涵。"一碗阳春面"价格虽低，但吃面的母子品格极高。并在此基础上，使学生明白：在中日政治、外交关系欠融洽的今天，我们应正确对待日本这个民族的"精华"和"糟粕"，学会"扬弃"。面对困难和挫折，我们应学习"大和"民

守望语文课堂

族团结奋斗、顽强抗争的精神,做一个真正大写的"人"。这节课下来,从学生的表情,我发现他们有"豁然开朗"、"原来如此"的喜悦,这是第一节课所不曾见到的情景。

  这次的教学科研活动,有两点我感触颇深。其一,在教学过程中,由于受认识水平和生活阅历的限制,学生对教材中的一些内容,往往只停留在表层——"知其然"这个层面。因此,教师在备课和教学中应该意识到并切入进去深究不放,引导学生透过"现象"看"本质",直到学生"知其所以然"。其二,语文课中的知识信息,可谓兼容并蓄,包罗万象,若眉毛胡子一把抓,那是不可能提高课堂教学效率的。所以,教师首先要对教学内容进行恰当的取舍,选准精讲的内容,在课堂教学中,切不能面面俱到,而宜抓住主要矛盾,精心点拨重点问题,牵一发而动全身;尽量不搞重复劳动,加快教学的节奏。只有这样,才能提高语文课的效率——教其求精,学其求博。

4. 善教乐学　逸而功倍

高中语文教学常规实施要求明确指出：语文教学过程设计要"恰当运用各种方法,创设浓厚氛围,使全体学生积极参与,乐于参与,获得体验"。对这一具体要求,我的理解是它阐述的是教师善于教与学生乐于学的重要性。正所谓：善教乐学才能逸而功倍。

说到"善教"与"乐学",我不禁想起一个人、一段话。这个人是我曾经工作过的某校的一位老校长。在一次全校教职工大会上,老校长说了这样的一段话："我们当中有位老师,他所教的学科,学生成绩老是上不来,我问他什么原因,他竟朝我诉苦说：'有些问题,我在课堂上反复讲,有的甚至讲了几十遍,可学生就是不明白,没办法,学生笨啊。'"话说到这里,老校长情绪激动,嗓门也大："真的是学生笨？我要问问你,一个问题讲了几十遍,学生还不懂,你做老师的,咋就不从自己身上找找原因呢？"老校长满脸涨红,声色俱厉。那一幕永远鲜活地定格在了我的脑海中。

说实话,课堂上,一个问题老师反复讲了几十遍,学生还是不明白,原因可能是多方面的,但其中有一点,那就是老师没有采取恰当的方法,没有激发学生的学习兴趣,这是肯定的。说得简单点,就是这位老师不善教。

善教的老师,总是对教学过程精心设计,激发学生兴趣,诱发学生乐学。在这方面,一些教学名家堪称榜样。在《中学语文教学》刊物上,我曾读到上海市特级教师陈军以其丰富的语文教学故事现身说法的文章,给了我较大的启示。陈军老师在教鲁迅先生的小说《祝福》时，他说自己采用的是很简单的教学：上课伊始，他在黑板上出示了一个问题："祥林嫂是怎么死的？"然后，让学生发表看法。（顺便说明一下，"祥林嫂是怎么死的？"这一问题，小说中根本没有明确的答案。）这个问题一出，一时间，一石激起千层浪。学生们兴味盎然地纷纷投入小说的研读当中，各自探究着问题的答案。没有过多的讨论，然后，学生们静静地写作，每人写出了一张纸的文字。读一读学生写的文字，陈军老师发现小说《祝福》需要探究的问题，学生全都想到了。学生写的文字，老师先后读了两节课，这篇小说教学就圆满结束了。陈军老师感慨地说："我不教，学生反而学得好。我不教了吗？显然不是，我设计的问题有召唤力，恐怕这是根本。"大凡鲁迅的作品，老师教起来较吃力，学生学起来也不轻松。而陈军老师却能如此举重若轻，实在令人深受启发。然而，他的看似简单的教学，实则是精心设计的结果。他设计问题的切入口独特，能够四两拨千斤；同时问题又有吸引力，正好符合当今中学生强烈的好奇心理，激发起学生浓郁的探究兴趣。教学中，这样的设计就是有效设计，有效设计的课堂就是高效课堂。

得益于这样的启发，在语文阅读教学特别是篇幅较长的小说教学中，我也常常试图寻找能"牵一发而动全身"、且能让全体学生乐于参与的各种教学切入点，有的还自我感觉良好。譬如，在教美国作家欧·亨利的小说《最后的常春藤叶》时，我舍弃小说教学中惯用的人物、情节、环境三要素探究法，课堂教学只是围绕"这篇小说的主人公是谁？"的问题来展开。意想不到的是，这个问题一抛出，班上的同学一下子炸开了锅，有的说主人公是琼珊，有的说是苏艾，有的说是老画家贝尔曼。学生们纷纷在小说中找依据，企图说服对方。课堂上，你一言，我一语，指手画脚，大家争得面红耳赤。这样的场景，正是我所期待的。等学生争论到了难解难分的白热化状态，我这个"判官"再上场，水到渠成，有关小说中的人物的性格、情节的发展，以及小说的主旨等问题便迎刃而解了。课堂上，学生积极参与，乐于参与，从而获得体验，这样的课堂就真正变成了学堂。

教师善于教,学生才乐于学。善教的老师必定是善思的老师。于漪老师曾向人介绍,因入迷于教学过程的设计,在下班回家的公交车上,她常常因沉浸于思考而错过了回家该下的车站。就是上文提到的特级教师陈军,他的教学金点子也是他积极思考的结果。他曾多次执教鲁迅的小说《祝福》,因不喜因循以人物描写即三次写祥林嫂的外貌为讨论抓手的老的教学套路,他反复推敲、构思,终于从四年前上完《祝福》后课下一个学生的提问中寻得了"祥林嫂是怎么死的"这样的新的教学切入点。正是这个苦思冥想而"蹦"出来的新的切入点,陈军老师说:这次《祝福》是他上得最精彩的一次。由此可见,善教者一定善思,善思者方能善教。

善思善教,对语文学科来说尤显重要。在教学内容方面,语文学科不像数理化等学科,数理化等学科的教学内容,几乎每堂课都有明确、具体、独立的知识和能力定位,而语文学科的学习材料综合性很强,它的学科知识不够具体明晰,从教学设计的角度来看,其往往很难确定合适的教学内容,不利于有效教学的开展。有专家曾打了个比方,数理化等教材的章、节内容,就好比超市里出售的"小包装"食品,既方便选择,又便于处理;而语文教材的课文则如自由市场里活着出售的"整鸡"、"全羊",虽然外观生动、鲜活且营养丰富,却让一般消费者有"无从下手"的感觉。虽然语文教材里的阅读提示、文后练习也有一定的解读和教学线索,但是,这些解读提示普遍显得笼统、粗疏、零碎,从满足教学设计的基本需要来说,是远远不够的。因此,常常需要我们一线语文教师对一篇篇课文进行二次加工,以确定在这篇课文中,什么是有价值的,通过这堂课的设计和教学,应该达成什么教学目的。从这个角度讲,语文难教,语文老师最难当。但语文老师又好混,单就教学设计方法来说,在信息发达的今天,参考书、网上资料应有尽有,可谓得来全不费工夫。但我认为,别人的方法可以借鉴,并不一定什么方法拿来都能为我所用。再好的教学设计方法,还须考虑它是否适合自己及自己的学生。因为只有适合的才是最好的。所以,教学常规要求:教学过程设计要"恰当运用各种方法",这"恰当"二字值得揣摩。注意了这点,也许我们就能成为

守望语文课堂

一位善教者。

　　教学常规是"规"、是"矩",无规无矩不成方圆。以上我仅就常规中的教学过程设计要求谈了几点粗浅的认识。常规涉及教学过程的方方面面,学习"常规"要求,就要以"常规"为镜子,时刻对照自己的教学行为,同时,还应虚怀若谷,向书本学,向名家学,向身边的同行学,并且学思结合,身体力行,实践探索。果真这样,我们就能善于教,学生也就乐于学。善教、善思、乐学,师生逸而功倍,这在大力倡导"减负增效"的今天,应该成为我们语文教师追求的理想境界。

(在"高中语文教学常规解读"论坛上的发言)

写作教学

5．横看成岭侧成峰

——"话题作文的多角度立意"教学实录与反思

时间：2009 年 5 月 22 日
地点：上海市同济二附中报告厅
年级：高二(2)班

师：很高兴，今天来到同济二附中和我们高二(2)班的同学一起学习。

苏轼在多次游览庐山之后曾这样感叹：横看成岭侧成峰……下面的诗句，请大家一起说出来——

生(齐声)：远近高低各不同。不识庐山真面目，只缘身在此山中。

师："横看成岭侧成峰，远近高低各不同"，这说明：看山的角度不同，所看到的山景也各不相同。这正如人们常说的——看问题的角度不一样，答案是丰富多彩的。这节课，我们不谈看山，我们就话题作文的多角度立意来作一探讨。

(PPT 出示如下课题)

横看成岭侧成峰
——话题作文的多角度立意

师：在课前，老师给大家布置了一个小作业(课前作业见文后教学设计)，在你们的语文老师——付老师的大力协助下，同学们做得很认真。作

业收上来之后,我仔细地看了,随后对你们所提出的困惑和你们对于话题"手"的立意作了整合。同学们提出的困惑基本有这些:

(PPT 出示学生课前提出的如下"困惑")

话题作文多角度立意困惑——

• 话题作文的话题比较宽泛,没有方向感,从何角度切入来写?(王淑婷等 15 人)

• 话题作文立意有方法吗?(薛妮娜)

• 怎样立意才深入人心?(王炜麒)

• 怎样立意才能吸引老师眼球,获得高分?(宋仁民)

师:我们来看第一个问题。同学们大都感觉话题作文的话题是比较宽泛的。是的,话题作文的话题是宽泛的,那么,宽泛到什么程度呢?打个比方,"话题"好比一个圆的圆心,以这个圆心画一个圆(师边说边在黑板上画一个圆),而圆是由无数个点组成的,也就是说这圆周上的所有的点都是话题作文的写作立意角度。这么多的角度,我们班的王淑婷等 15 位同学在第一个问题的结尾就问了:到底从何角度切入来写呢?请大家看自己手头拿到的我给你们发的讲义,这上面是我们班部分同学课前关于话题"手"的立意,我们看看能否从身边同学们的作业中找出一些规律,来帮助解除我们班王淑婷等 15 位同学的疑问呢?

(所发讲义内容如下)

高二(2)班同学关于"手"话题的立意角度:

▲ 妈妈的手——粗糙、温暖、关爱(杜涵涵、王淑婷、卢焰桢等 10 人)

▲ 民工的手——勤劳(张珺颖)

▲ 学生的手——无奈(吴君)

▲ 布满老茧的手——勤劳(薛妮娜等)

▲ 手纹——百变多彩的人生(陶敏)

▲ 手拉手——团结(徐继红、施慧)

▲ 握手、击掌——交流感情(朱辰薇、宋会贤等 4 人)

▲ 手势——表示肯定;不要吝啬你的手势(王炜麒)

▲ 世博墙上的手印——责任(韩逸峰)

师:首先,在这么多的立意中,我对吴君同学的关于"学生的手——无奈"这一立意有点疑问,请问吴君同学,学生的手因为什么而无奈呢?

吴君:现在各科作业都那么多,我们学生的手整天写呀、画呀、画呀、写呀的,你看这累不累?(全班同学鼓掌)但我们累,还要不停地写呀写,真的很无奈。

师:哦,你有切身体会,又很能思考,这确实是个现实问题。

师:同学们对讲义上其他的立意有什么疑问吗?

生(众):没有。

师:那好。我请代表把你们的立意角度分别标写在以"手"为圆心的圆的圆周上。

(同学代表分别上黑板标写)

师:大家标写好了。我们一起来把这些立意角度整理整理,归归类。像"妈妈的手"、"园丁的手"、"学生的手",这些是从什么角度来立意的?

生(部分):从人物的角度。

师:也就是说是从"手"的人物角度?这样说,妥当吗?

生(众):嗯,不妥。

师:那应该是什么角度?

生(部分):是"对象"角度吧?

师:对,是"手"的对象角度,这样说就妥当了。

(板书:对象)

师:"布满老茧的手"、"手纹"是从什么角度来立意的?

生(部分):从"手"的特征角度。

(板书:特征)

师:那"手拉手"、"握手"、"击掌"、"手势"呢?

生(众):从"手"的动作角度。

（板书：动作）

师：最后是"世博墙上的手印——责任"，这是从什么角度来立意的呢？我请作者——韩逸峰同学来向大家说说。

韩逸峰：我是从跟手有关的手印的意义角度来立意的。

（板书：意义）

师：哦。请问韩逸峰同学：世博墙上的手印，你是从什么地方看到的？

韩逸峰：我从新闻媒体上看到的。

师：什么时候的新闻？

韩逸峰：世博会开幕倒计时一周年时的电视新闻。

师：哦。当时看到你的这个立意时，我特别惊喜，我觉得你是个非常关心时事新闻的学生。随后，我马上在网上搜索并下载了一张图片，今天我把它带来了，不过这是2007年11月份的《解放日报》上登的一张图片。大家看：图片上市民们正在世博墙上踊跃打手印。我手头的这张图片就送给韩逸峰同学吧。

（图片及说明如下）

手印期盼世博

www.jfdaily.com 2007-11-29 09:38 稿件来源：《解放日报》

市民们踊跃在墙上打手印

2007年11月28日，上海豫园商城礼品节在豫园商城举行。活动期间，商城携手海内外游客共同制作一幅由手印构成的画卷——飞巨龙,以表达中国人对2010年上海世博会的期盼之情。

本报记者 金定根 摄

韩逸峰:谢谢老师。

师:不过,请韩逸峰同学把图片下方的说明文字给大家念一念,好不好?

(韩逸峰念图片下方的说明文字)

师:好,声音很响亮。这张图片的作者是想通过市民打手印,来表达一个什么主题呀?

韩逸峰:来表达市民期盼世博的殷切之情。

师:你讲得很好。而你的作业中所选的世博墙上的手印,是想通过它表现市民的……

韩逸峰:我想表现的是市民的一种责任心。

(板书:责任心)

师:哦,也就是说你想从市民对世博持有的"责任心"方面来立意,对吧?

韩逸峰:是。

师:好,你请坐。

师:通过归类,我们清楚地看出大家关于"手"话题立意所选取的角度有:手的对象、手的特征、手的动作以及手印。除此之外,是不是还有其他的立意角度呢?应该肯定地说,有。譬如,我们班王炜麒同学所选的立意角度是"手势"。王炜麒,哪一位是王炜麒同学?

(王炜麒举手示意)

师:哦,你是。你关于"手"的立意是:手势——表示肯定。请问:你想具体写的是哪一种手势?

王炜麒:……

师:不好说,是吧?什么样的手势?那你能做给大家看看吗?

(王炜麒向身旁的一位同学做出竖起了大拇指的动作)(全班笑)

师:这个手势是表示……

王炜麒：表示对同学的肯定、赞赏。平时我经常看到这样赞扬人的手势。

师：这说明你是个细心观察的学生。由你所说、所做的手势，我不禁想起了生活中人们惯用的许多手势，如：自修课时，班干让同学不要说话所做的手势；田径比赛中，领跑者让被领者加油跟上来的手势，等等。这些"手势"都大有文章可做，只不过我们要像王炜麒同学一样平时细心地去观察。

好。关于同学们提的第一个问题——宽泛的话题，立意从什么角度切入？实际上，从收上来的作业看，我们大多数同学都是小老师。你们看（指示板书）这些都是你们切入的立意角度。大的话题，采取小的切口，这些小切口都相当于是以话题"手"为圆心的圆周上的一个个"点"。同学们的做法很聪明，老师呢只不过和大家一起归类整理了一下而已。

由"妈妈的手"，有同学要写"温暖"、"关爱"；由"握手"，有同学要写人和人之间的一种交流；由"手纹"，有同学想写人生，因为手纹的纵横交错与人生百态有相似点；由"世博墙上的手印"，有同学想写上海市民对"世博"的一份责任心……同学们的立意角度可以说是丰富多彩的，体现了大家平时不仅细心地观察了生活，而且对此作了认真地思考。在这点上我们要向这些同学学习。

我们再来看同学们提的第二个问题：话题作文立意有方法吗？

其实，我们大部分同学把大的话题"手"分解为"妈妈的手"、"园丁的手"、"学生的手"等具体对象的手，即刚才所说的：大话题采用小切口的做法，用一个成语来说，就是：化……

生（部分）：化大为小吧？

师：说得对。化大为小。

（板书：化大为小）

师：我们再来看，写"妈妈的手"，同学们想到了"温暖"和"关爱"；写"握手"，大家想到了人和人之间的交流；写纵横交错的"手纹"，有人想到了百变多彩的人生，这一思维过程叫……

（学生们思考。）

生（部分）：叫"联想"吧？

师：对。"妈妈的手"、"握手"、"手纹"等都是具体的，看得见，摸得着，由它们分别想到了"温暖"、"关爱"、"交流"、"人生"等，这是意念中的，是虚的，这实际上是化……

生（部分）：化实为虚？

师：说得对。

（板书：化实为虚）

师：谈到"化实为虚"，我突然有一个问题要问问同学们：今天我们的"手"话题是一个"实"的话题，我们的立意方法可以"化实为虚"，没错。那如果我们今后碰到一个"虚"的话题，比如像"诚信"、"友谊"、"和谐"等话题，能不能反过来"化虚为实"呢？

生：……

师：以前大家写过虚的话题作文吗？比如像刚才我所说的"诚信"、"友谊"、"和谐"等话题。

生（众）：写过"和谐"话题。

师：那你们记得自己当时是怎样来立意的吗？

生1：我写的是家庭的和谐。

生2：我写了校园的和谐。

生3：我写的是社区的和谐。

生4：现在放眼世界，一些国家和民族之间经常发生大大小小的争战。要想发展，各个国家、民族就必须和谐相处。所以我写的是国家、民族间的和谐。

……

师："和谐"是一个虚的话题，大家分别从家庭、校园、社区、国家、民族等实实在在的方面来写"和谐"，这种做法就是"化虚为实"呀。

（板书：化虚为实）

师:"化大为小、化实为虚、化虚为实",这些都是从我们同学的立意作业或以前的作文实践中总结出来的方法,其实这些就是话题作文常见的立意方法。我们平时是这样做的,只不过没有对其及时加以总结。请同学们把这些常见的立意方法记在你们的课堂笔记本上,以便今后在实践中自觉地去运用它。

以上我们共同解决了同学们提的第二个问题。下面我们继续来看看第三个问题(看 PPT):怎样立意才深入人心?

这是王炜麒同学提出的。王炜麒同学,请你拿出我发的讲义,这上面有老师选用的你们班同学关于"手"话题的立意。请问:这些立意,有深入你的内心的吗?(全班笑)

师:深入你内心的,也就是你最喜欢的,你看,你最喜欢谁的立意?

王炜麒:我最喜欢陶敏同学的由手纹联想到写百变多彩的人生这一立意。

师:嗯,请你说说喜欢的理由。

王炜麒:手纹是交错纵横的,人生有许多的岔路口,也是百变复杂的,这与手纹具有非常相似的特征。我觉得,陶敏这种立意紧扣了话题,合情合理。

师:哦,你喜欢陶敏同学的立意的主要理由是它紧扣话题,也就是说立意很准确,又很形象,对吧?

王炜麒:是。

(板书:准)

师:其他的同学,看看有你们各自喜欢的立意吗?

生1:我喜欢张珺颖的关于民工的手是勤劳的这一立意。确实如此,我经常看到我们家小区工地上的一些农民工,他们用自己的双手在建设我们的城市,他们很勤劳,很辛苦,让人很敬佩。

生2:我喜欢徐继红、施慧两位同学由手拉手想到写"团结"这一立意。这让我想到我们班同学之间的团结互助,平时在学习上如果有谁遇到了困难,我们就一起手拉手,互相帮助,一起渡过难关。

师:真为你们班有这样的互帮互助精神所感动。你们生活在这样的班集体中好幸福啊!

(全班鼓掌)

生3:我最喜欢吴君同学由学生的手想到"无奈"这个主题。对此我想大家都有同感吧?

(全班笑,鼓掌)

师:以上三位同学所说的喜欢理由,依我看,这些立意都是源自话题引发了作者对身边的人和事的思考,也就是说这些同学都是紧密联系现实生活来立意的,让人感觉很有现实针对性,对不对?

生:对。

(板书:联)

师:还有同学要说吗?

生4:我跟王炜麒一样,喜欢陶敏同学的立意。不过,我觉得陶敏同学的立意除了"准确"之外,还很新颖。由手纹想到写百变多彩的人生,我们都没有想到,而她却想到了,很独特。我想,这样的立意不容易跟别人撞车,要是考试,写出来的文章肯定会得到高分。

(全班笑)

生5:要说新颖,韩逸峰同学由世博墙上的手印来写我们上海市民的责任心,这够新颖,我觉得很好。

师:我也有同感,赞同两位同学的说法。

(板书:新)

师:由此看来,立意时,能够做到准确、联系现实生活,并能出新,人云我不云,这样的立意就会博得广大读者的青睐。所以,要使立意深入人心,准确、新颖、联系现实生活,应该成为同学们立意时的追求。

到这儿,(手指PPT)宋仁民同学提出的"怎样立意才能吸引老师眼球,获得高分"这一问题,请问宋仁民同学,你还"困惑"吗?

宋仁民：没困惑了。

师：那好，请大家一起来总结一下，这节课，关于话题作文的多角度立意，我们主要明白了什么？

（学生个别说、集体说"话题作文多角度立意的常见方法"、"话题作文多角度立意追求"等，并分别补充笔记。）

师：有了收获，根据本节课所学，请同学们对"手"话题再进行二次立意。不过这第二次立意，不是量的积累，应该是质的飞跃哦（全班笑）。大家先在作业本上为"手"话题立意，待会儿我们一起来交流。

（学生写。5分钟后，开始口头交流）

生1：我从手的对象角度来立意。我想写交通警察的手势给人们带来交通安全，让社会拥有井然的交通秩序。

生2：世博会将在我们上海举行了，我准备写公园里、小区内那些"摧花大盗"的手，来呼吁一些市民们要讲文明，爱护美好的公共环境。

生3：手有各种各样的动作，我要写握紧、松开的手，提醒人们要学会选择。

生4：我打算写握紧的拳头，来表明团结就是力量。

生5：十个手指有长短，对吧？由长短不一的手指，我想到人也有长处和短处，正确的人生态度是扬长避短。

生6：我想写敲击钢琴或电脑键盘的双手，由它们来反映合作、协调的重要性。

生7：我想从手的特征方面来思考、立意。人们常说：手掌手背都是肉。由此我想写对人、处事要公平。

生8：我也想从手的特征——老茧来写，老茧代表着一种历程，它是人历经坎坷与艰辛的见证。

生9：我想从手的动作的角度来切入，当我遇到挫折或者伤心时，父母抚摸我的那双手，它能让我增强信心，给我带来力量。

……

师： 同学们分别从不同的角度，采用"化大为小、化实为虚"的方法，为"手"话题进行了二次立意。与第一次立意作业相比，我感觉同学们的思维更加活跃，立意能够紧扣话题，联系生活实际，具有现实针对性，很精彩。大家为自己的出色表现鼓掌吧。

（同学们热烈鼓掌）

师： 最后，我给大家布置一下课后作业。有两个题目，一个是实的话题，另一个是虚的话题，同学们可以二选一。请看题：

（PPT 显示）

- 请以"眼睛"为话题，自选角度立意，写一篇 700 字的作文。

- 曾经有过这样一个调查：世界上谁最快乐？在上万个答案中，有 4 个答案十分精彩，它们分别是：吹着口哨欣赏自己刚刚完成作品的艺术家；给婴儿洗澡的母亲；正在沙地里堆城堡的孩子；劳累了几个小时终于救治了一位病人的外科大夫。请以"快乐"为话题，自选角度立意，写一篇 700 字的作文。

师： 今天这节课就上到这里。同学们再见！

生（全体）：老师再见！

【教学反思】

2009 年 5 月 22 日，在上海市同济二附中，我借高二（2）班向普陀区高中语文教师上了这堂作文教学公开课。

2009 年，我担任高三语文教学工作。设计"话题作文的多角度立意"这节课，主要是基于以下几点考虑：

一、话题作文的话题具有较大的开放性。学生面对一个话题，往往会把话题当文题，作文时，泛泛而谈，写出的文章内容流于空洞。给我印象最为深刻的是：2009 年 4 月份，上海市普陀区高三语文"二模"考试，作文题是：以"环境与我的生活"为话题，写一篇 800 字的文章。考试作文时大部分学生面对这样的大话题，没有采取小切口来立意，只是笼统地来写环境对生活的影响，因此，作文得分普遍较低。而一些学生在立意时注意了将话题中的"环境"化大为小，如从家庭环境、校园环境、社区环境等切入，来写它们对自己生活的影响，这样，切口小，作文就容易写得深，写得透。因此，得到了阅卷老师的青睐，获得了令人满意的分数。高三学生对大话题的把握有这样的问题，那么，高二的学生情况怎样，我不太清楚。因此，课前我就话题作文的立意给学生布置了如下作业：

- 关于话题作文的多角度立意，你有什么困惑？
- 以"手"为话题，自选角度立意。

布置这样的作业，目的是借此来了解学生的一些基本情况。从收上来的作业看，还真的有不少同学提出了诸如宽泛的话题如何切入来写，立意有没有方法等问题。这就坚定了我在高二上这节课的设想。

二、学生的认知是"形而上"的，所以，课堂教学中，我选用"手"话题实例，目的是想增强教学的形象性，让学生易于理解，掌握方法，便于操作。

三、本节课主要是针对一个大话题，让学生掌握常见的立意方法，拓展思维，尽量多角度地去思考，去确定写作意向。但立意最终是要形成作品，因此，面对一个话题在想得多的情况下，还要强调让学生想得深一点，即让立意具有现实针对性。因为新课程标准强调要努力引导学生热爱生活，关心生活，发现和思考生活中有意义的人、事、物，提高感受生活的能力和思想认识水平。实质上，上海市近年的高考作文题，文题紧扣时代的脉搏，毫不回避生活中的热点问题、敏感问题。2005年"对当今文化现象的看法"、话题作文"忙"和"杂"，都有着一种国际大都市人的大气和豪气。应该把学生的视野引出课堂，投向社会。"文章合为时而著"，"为时"就是要发现现实中的问题，解决问题，这样的文章才有意义。

四、关于立意的新颖，这是最高要求，尽量让学生做到。高考从不拒绝创新，创新可以体现在形式上，也可以体现在思想上，而思想创新更受青睐。

附一：教学设计

横看成岭侧成峰
——话题作文的多角度立意

教学目标：

1. 引导学生发散思维，学会围绕"话题"进行多角度立意。

2. 在进行多角度立意时，力求做到深刻，尽量做到新颖。

教学重点：

在开放求异的思维环境中，围绕"话题"进行多角度立意。

教学难点：

在开放求异的思维环境中，尽量做到立意新颖。

教学时间：

1课时

教学准备：

1. 课前布置学生作业：

①关于话题作文的多角度立意，你有什么困惑？

②以"手"为话题，自选角度立意。

2. 教师收集、归类学生问题；整合学生立意情况。

教学过程：

1. 导入：

关于话题作文的多角度立意。

2. 针对学生问题，实例引路，落实教学目标。

①出示课前收集、归类的学生问题。

②针对学生课前以"手"为话题自选角度立意情况，引导学生归纳话题作文多角度立意的常见方法，释疑解惑。

③运用常见方法，形象点拨，让学生观察联想，发散思维，对"手"话题进行二度立意。

④学生交流立意情况。

3. 课堂总结：

①话题作文多角度立意的常见方法。

②话题作文多角度立意追求。

4. 课后作业：（实的、虚的话题二选一）

①请以"眼睛"为话题，自选角度立意，写一篇700字的作文。

②曾经有过这样一个调查：世界上谁最快乐？在上万个答案中，有四个答案十分精彩，它们分别是：吹着口哨欣赏自己刚刚完成作品的艺术家；给婴儿洗澡的母亲；正在沙地里堆城堡的孩子；劳累了几个小时终于救治了一位病人的外科大夫。

请以"快乐"为话题，自选角度立意，写一篇700字的作文。

附二：板书设计

多角度立意常见方法：	多角度立意追求：
化大为小	准
化实为虚	联
化虚为实	新

附三：

一堂学生需要的课

崔志勇

张华老师是我所领衔的工作室成员。据我了解，她常下水作文，深知写作甘苦，也深知写作的肯繁所在。因此，她的"横看成岭侧成峰——话题作文的多角度立意"这堂作文教学课可谓抓到了话题作文的要害,也是学生迫切需要的。

在具体的设计上,张华老师也深谙学生的心理,让学生自己提出困惑,以期达到"不愤不启,不悱不发"的效果。而且,张华老师也不是像有些老师那样,空泛地授予学生立意的几条所谓技巧,而是从学生关于"手"的话题作文立意出发,让学生自己来比较,来归纳,来发现。这样,学生对于立意的角度、方法,以及深度,都有了十分感性的认识。

还要提到的是,这堂课发动学生参与的面十分广。除了15位提问题的学生,还有22位参与"手"的立意的思考的同学,更有课堂上众多的发言的学生,从而一改作文指导课发动的只是几个写作尖子的积极性的普遍现状,这也是这堂课的成功之处。

相信,随着张华老师的循循善诱,学生一定会多角度地观察生活,发现生活的丰富多彩,捕捉事物的个性特征,进而会有创意的作品出现。

(作者系普陀区语文学科带头人、工作室领衔人)

6. 细观察　抓特征

——"写出你独特的感受"教学实录与反思

时间：2009 年 10 月 22 日

班级：高一(1)班

听课人：津沪两地教师教学研讨会成员

高一(1)班上午第二节是语文课。上课铃响了，一分钟、两分钟、三分钟……五分钟过去了，见我还没有进班级，语文课代表焦急地冲出教室准备去办公室喊我上课。在教室门口，我们俩正好迎面碰上，语文课代表急吼吼地冲我说："老师，您忘了？上课好一会儿了！""呵呵，我知道。"我一脸从容地走进教室，顺手拿起一支粉笔，"刷刷刷"在黑板上迅速写上了"当老师迟到的时候"几个字。

师：同学们，刚才大家都经历了老师迟到的时候。对于老师迟到，你们有什么感受呢？现在请同学们各自拿出纸和笔写下你们自己的真实感受。

（不到 5 分钟时间，同学们很快写好了自己的感受）

师：下面我请同学们分别"口头发表"自己的感受。

生 1：老师迟到，这个……这个，有点不大好吧。哎，怎么说呢……

（该同学支支吾吾，闪烁其辞，想说又怕得罪我，挺为难。我适时打消他的顾虑）

师：没关系,你就直说,不管你怎样批评,我都能想得开。(全班同学和听课老师大笑)

生1：哦,那样,老师我就直说了。

师：好的,说吧。

生1：老师迟到不大好,老师平时要求我们不要迟到,自己怎么就能随便迟到呢？更何况今天还有老师来我们班听课呢。(全班笑)

(见性格外向、敢于直说的生1开了头,下面一些同学也纷纷跟着说开了)

生2：老师迟到,校长要批评,甚至要适当扣奖金！(全班大笑)

生3：老师迟到是对工作不负责任的表现！

(板书关键词：不负责任)

师：嗯,批评得对。认为老师上课迟到是对工作不负责任的表现。下面还有哪些同学有同样的感受？

("唰",教室里一下举起了十几只手)

师：好,我们班有近30位同学,有一半以上的同学对老师迟到持批评意见,认为老师迟到是对工作不负责任的表现。还有一些同学刚才没有举手,可能是有别的感受吧,下面再请没举手的同学来谈谈。

(刚才没举手的同学一个接一个地说起来)

生4：上课已5分钟了,语文老师才不慌不忙、笑眯眯地走进教室,迟到了还在笑,这笑里好像有内容……

(板书关键词：不慌不忙　笑眯眯　好像)

生5：语文老师一向工作认真,上课从来不迟到,今天偶然迟到了,想必刚才有什么特殊的事情耽搁了吧？

师：嗯,这话很中听。(全班大笑)

(板书关键词：一向　从来不　想必)

生6：语文老师迟到？老师您哪里是迟到,您是在"耍"我们呢。你是想让我们身临其境,好写感受。哎呀,这个主意高,实在是高！(全班大笑)

师：啊？我刚才迟到是在"耍"大家？

生7：说老师"耍"我们,这样说不妥吧？我看改成"故意调动"比较符合实情。

师：大家认可吗？

生（众）：认可。

（板书：故意调动　　身临其境）

师：还有同学有不同的想法要说吗？

（一些同学开始摇头）

师：那好,刚才三位同学说的与前三位同学说的,大家对哪一拨同学所说的内容更感兴趣？

生（众）：对后三位同学说的更感兴趣！

师：为什么？

生（众）：后三人说的跟大家有些不一样。

师：也就是说,后三位同学说的感受有些独特,与众不同,对吧？

（说完,我在黑板上写下：独特感受）

师：下面,大家可参看黑板上后三位同学所说内容的关键词语,思考一下：他们的感受是如何做到与众不同的呢？

生8：生4说老师虽然迟到了,但不慌不忙、笑眯眯地走进教室,说明他刚才观察比我们仔细。

生9：生5说语文老师一向工作认真,上课从来不迟到,这说明她平时就注意细心观察事物。

（板书：细观察）

生10：我觉得生4、生5两位同学不仅细心观察,而且他们紧紧抓住了语文老师迟到时的特征和平时的特征来谈自己的感受,如："不慌不忙"、"笑眯眯地走进教室"、"一向工作认真"、"上课从来不迟到"等,这一点值得我们学习。

（板书：抓特征）

师：同学们说得不错,当你面对一些人和事,要想做到不人云亦云,说出自己独特的感受,首先就必须细心观察,然后重点抓住他(它)们的特征。生4、生5等三位同学的做法给我们提供了一个很好的例子。

　　关于细心观察、抓住特征这两点,同学们在平时的写作中做得怎样呢?就以最近的月考作文(以"听"为话题作文)为例来看看吧。请同学们拿出我在课前发给你们的我们班浦晓凤同学的作文《慢慢听懂的旋律》的复印件。我请浦晓凤同学自己来朗读一下自己的文章,大家边看边仔细听。

　　(浦晓凤开始朗读自己写的月考作文)

慢慢听懂的旋律

　　①父亲给子女留下的印象往往是高大、威武的形象。有人将其比成大树,有人将其拟作支柱。在我的眼里,我的父亲却是个老实巴交、不善交流的人,但他却如一曲经典的旋律,用心聆听,慢慢欣赏,方觉韵味悠长。

　　②我的父亲是一名保安,一米六几的个头在众人中显得矮小。老实、不善交际的他永远在保安的岗位坚守。有时候,晚上9点钟回到家还没吃饭。妈妈问他:"你为什么不去外面买点东西吃?""那些东西不卫生。再说,再好也没我老婆手艺好啊!"老爸笑了笑,但脸上显得分外疲倦。"小心你的胃病"。妈妈嗔怪道。老爸不语,只是低下头默默吃饭。我心想:老爸还真小气,连晚饭钱也要省!

　　③爸妈进里屋了。"拿去,这些钱给你和女儿买点营养品补补身体"。无意间听见父亲那低沉、充满沧桑感的声音。"你呀,你也得注意下自己的身体,别老是担心我和女儿"。妈妈无奈地叹气道。我一下全明白了,原来身材不高的父亲是高山,是大树,他时时刻刻在庇护着我和母亲两位女子,唯独没有想到的就是他自己。

　　④有时,母亲也劝父亲像别人一样换个岗位,可是他却总是不予理睬,依旧我行我素。母亲急了,会责骂他傻。

　　⑤父亲为什么执著地坚守着自己的工作岗位呢? 一天,我带着这样的疑问来到他所工作的大楼。见到我,父亲先是惊诧,后因繁忙的工作又将我

守望语文课堂

置于一边。"小浦,这是你女儿？长得真可爱哟！"父亲的同事关切地摸摸我的头。父亲笑笑,一边答应着一边登记着来往的单子。坐了很久,我有些郁闷了,原因是父亲只关心他手中的工作而不理睬我。这时,他的同事似乎看出了我的不对劲,走了过来,与我攀谈起来："你的爸爸呀,是个工作极其认真负责的人,只要是他登记的单子就从没出过差错。他还被评为我们这里的'明星保安'呢……"之后,他说了很多,我都没听进去了,因为我的眼眶已经慢慢湿润。望着父亲额头沁出的汗渍,我明白了,原来父亲不愿意离开这个岗位是因为他爱上了它。这时的父亲就如一曲激情洋溢的进行曲,庄严而神圣的曲调奏出了他对事业的奔放热情与认真执著。

⑥"当山峰没有棱角的时候,当天地万物化为虚有,我还是不能和你分手,不能和你分手"。耳边传来了父亲最爱哼的一首歌。我知道父亲对身边一切的爱就如歌中所唱。"山无棱,天地合,才敢与君绝"。爸爸,你是女儿我慢慢听懂的旋律。

（浦晓凤同学有感情地朗读完自己的文章,全班同学报以热烈的掌声）

师： 听完浦晓凤同学朗读的自己的作文,同学们的第一感受是什么？

生（众）： 真实,很感人！

（板书：真实）

师： 作者写父亲,观察仔细吗？

生（众）： 比较仔细。

师： 请用文章中的实例来回答,好吗？

生1： 譬如：文章第二自然段写生活中的父亲,观察就很仔细。我来读读吧。

"我的父亲是一名保安,一米六几的个头在众人中显得矮小。老实、不善交际的他永远在保安的岗位坚守。有时候,晚上9点钟回到家还没吃饭。妈妈问他：'你为什么不去外面买点东西吃？''那些东西不卫生。再说,再好也没我老婆手艺好啊！'老爸笑了笑,但脸上显得分外疲倦。'小心你的胃病'。妈妈嗔怪道。老爸不语,只是低下头默默吃饭"。

生2：我看文中第五段写工作中的父亲，观察也很仔细。我也来读读吧。

"见到我，父亲先是惊诧，后因繁忙的工作又将我置于一边。'小浦，这是你女儿？长得真可爱哟！'父亲的同事关切地摸摸我的头。父亲笑笑，一边答应着一边在登记着来往的单子……望着父亲额头沁出的汗渍，我明白了，原来父亲不愿意离开这个岗位是因为他爱上了它"。

师：两位同学很细心，找得很准，读得也不错。文中还有体现作者观察仔细的地方吗？

生（众）：就这些吧。

师：那好，我们再来看看浦晓凤同学是抓住了父亲的什么特征来写的？

（大家思考片刻后，又开始举手回答）

生3：作者抓住了父亲的外貌特征。如"父亲一米六几的个头在众人中显得矮小"。

生4：我看主要是抓住了父亲的性格特征。就是这样的身高只有一米六几、其貌不扬的父亲，在生活中，他对自己小气，而对妻子和女儿却很大方。在工作中，父亲又是那样的认真、执著。这样的父亲，让人敬佩。长大后，我也争取做这样的父亲！

（全班大笑，报以热烈的掌声）

师：说得好。我认为这是你读这篇文章的"独特感受"。

浦晓凤同学通过观察生活、工作中的父亲，抓住父亲的言行特征写出了一个平凡外表、平凡工作的父亲身上不平凡的东西，让读者对她的父亲油然而生敬意。下面再请同学们一起来看看，写父亲，作者写出了自己怎样的感受？

生5：文章第一段结尾："在我的眼里，我的父亲却是个老实巴交、不善交流的人，但他却如一曲经典的旋律，用心聆听，慢慢欣赏，方觉韵味悠长"。这是作者的感受。

生6：还有第五段的末尾："望着父亲额头沁出的汗渍，我明白了，原来父亲不愿意离开这个岗位是因为他爱上了它。这时的父亲就如一曲激情洋溢的进行曲,庄严而神圣的曲调奏出了他对事业的奔放热情与认真执著"。另外,第六段也是作者的感受。

生7: 我看,浦晓凤把她的感受都浓缩在文章的标题上了。

师: 大家说得好。标题把父亲比作是"慢慢听懂的旋律",这确实是作者的感受。请问:这种感受独特吗?

生(众): 比较独特。

师: 我想问问浦晓凤同学,你是怎么想到把父亲比作是自己慢慢听懂的旋律呢?

浦晓凤: 在我记事后,我对父亲的认识,是从不了解、不理解到慢慢了解,再到后来理解、懂得父亲,到现在我是欣赏父亲了。我反复思考,这个过程就和我欣赏一首名曲的过程十分相似。所以,我就这样写了。

师: 浦晓凤同学提到了自己"反复思考",这一点很重要。要写出你独特的感受,除了注意仔细观察,抓住事物的特征,深入思考必不可少。

在这次月考作文中,我统计了一下,我们全班另有13位同学也写了父爱或母爱。从整体上来说,这13位同学的文章虽然与浦晓凤同学的文章相比有不足之处,但有几位同学由于注意了思考,在局部段落里也写出了自己对母亲的言行或母爱的与众不同的感受。如:

(PPT显示部分同学月考作文中感受独特的精彩片段)

母亲会不时地说两句鼓励我的话,仿佛是轻快的音乐,鼓舞我前进。(张靖晖)

母爱除了要用心去感受之外,还需要用耳朵去听。母亲的唠叨,是母爱表达的一种方式。(陈灵)

听母亲的叹息声,这是望子成龙的心声。(张晓俊)

师: 母亲鼓励我的话是轻快的音乐;母爱还要用耳朵去听;母亲的叹息声是望子成龙的心声。这三位同学写母爱、写母亲,感受与众不同,不落俗套,给人的感觉是耳目一新。

通过以上的探讨和学习,下面我们一起来总结一下,要想写出自己独特的感受,关键应该注意什么?

生1:平时要细心观察生活。

生2:抓住人物或事物的特征来写。

生3:还要深入地思考,就是人们所说的"见人所未见,发人所未发"吧。

师:说得好。另外,老师提醒一下,还要注意真实。唯有真实的东西才能打动读者。

(在师生总结的基础上,完善以下板书设计,并提醒同学们做好笔记)

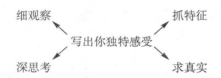

师:下面,我们就来试一试。请同学们看大屏幕:

(PPT显示如下内容和写作要求)

请看漫画,然后写出你独特的感受,100字左右。

(漫画来源:厦门网)

守望语文课堂

（10分钟后，学生们按要求各自完成了习作片段。前后左右同学交流阅读后，全班四个小组推选同学代表进行口头交流）

第一小组代表：瞧，漫画中间的那个男同学趾高气扬，脚上的那双最新款的运动鞋"星光灿烂"，他得意洋洋地在炫耀自己那最新款的鞋。

这种攀比情况如今在我们学生中比较常见。一些学生总拿自己的新衣服、新鞋子作为炫耀的资本，觉得这样自己很有面子。我认为这样会使自己变得更虚荣，更注重外表，从而一味地去追随潮流，追求时尚。

学校，是我们学习知识的地方，我们来学校并不是来"走T台"，不需要推广潮流，更不需要在同学面前炫耀自己的新衣服和新鞋子！

第二小组代表：漫画中间的学生，留着独特的发型，用价格不菲的鞋博得了身边同学的一阵阵惊叹和羡慕声，他自己也为被他人追捧而感到得意、满足。这幅漫画体现了当今"90后"学生身上较为普遍存在的所谓"彰显个性"的现象，在网上、电视里看到类似的现象总会让我心寒、无奈。

有媒体评论，"90后"是一个崇尚个性、缺乏思考的群体。很显然，漫画中间的那个学生是在用父母辛苦挣来的金钱来展现自己的所谓的"个性"。过分追求个性，沉溺于虚荣的外表，大把大把地花费着金钱，扭曲了自己对"个性"的理解，靠着家境炫富，岂不是很可笑？

第三小组代表：看到漫画中的一幕，让我对中间的男孩有点不屑。或许他家很有钱，买这种鞋子对他家来讲只是小菜一碟；或许他家并不富裕，为了买这双鞋，父母为此省吃俭用。若是前者，那么，这些钱不是他赚的，他没有资格如此炫耀；若是后者，那么他更应该知道钱来之不易啊。他所应该做的不是到处显摆，而是要好好地珍惜。

真正有能耐的人往往是很低调的。他们不会到处"晒"自己的才能，更不用说到处"晒"自己的穿着打扮了。因为他们知道这些行为是虚荣的表现。

第四小组代表：看了这幅漫画，我有一个突出的感受就是：不要给歪风邪气提供舞台。

中间的男孩翘着一只脚,两手插在口袋里,趾高气扬地说了句:"这是最新款的!"左边的男孩张大了嘴巴:"哇"!一脸的惊羡神情。右边的女孩两只眼睛也直勾勾地欣赏着那双新款鞋……我不禁想:如果没有旁边两个学生的关注,当中的小男孩会那么显摆吗?如果他今天这样做,旁边没人理会他,他还会如此神气吗?即使他下次穿的鞋再怎么新款,他也不会显摆了,因为他知道没人欣赏他。

小丑以让观众们发笑为业,但如果没人再去看小丑,那小丑就只能退出舞台。没有舞台,即便是技巧再高的小丑,也没有表演的机会。漫画中旁边的那两个学生,就是为当中的那个炫耀自己的新款鞋的学生助长了攀比之气,充当了"表演者"热心的看客。

师:好,以上四个小组代表口头"发表"了对这幅漫画的感受。下面,请同学们来议一议,你更喜欢哪一组代表所说的?他(她)的感受独特吗?

生1:我比较认同第一小组代表有感于"攀比"之风的说法,这幅漫画讽刺的就是当今一些校园中较为盛行的同学之间互相攀比的现象。不过,老师,我可以说说我自己对这种"攀比"之风的感受吗?

师:好啊,请说。

生1:有人一身名牌引人惊羡,确实吸引了不少眼球。在别人羡慕的眼光中,他们似乎找到了自信与高傲,但他们有没有发现他们迷失了自我?我们是中学生,借父母的财力来攀比是不足取的,我认为这是没有自信的表现。当你自信满满时,你还会在乎别人的名牌吗?

生2:我也认为,这是种盲目攀比现象。不过,我觉得盲目攀比除了是没有自信的表现外,它还会让家境富裕的学生更加不理性地花钱,让那些家境不好的同学徒增自卑。因此,我们应该在校园里杜绝诸如此类的攀比,让学生意识到当前主要的任务是好好学习,而不是毫无意义的攀比和炫耀。

生3:第一小组同学代表及刚才两位同学的发言都很精彩。不过,我想得更多的是,到底是什么导致校园里同学之间互相攀比呢?

首先,现在的物质生活日新月异,一些人盲目地追求所谓的潮流,部分学生耳濡目染，也热衷于那所谓的潮流。其次，现在家庭几乎都是独生子女，父母对子女是溺爱有加，不管孩子提出什么要求，都会尽量满足。也有父母为了不让自己的孩子被人看不起，于是在物质上尽量给孩子最好的、最贵的。试问，如果父母不给孩子买那么高价的物品，又怎么会有攀比现象呢？最后，就是父母之间的攀比了。每逢节假日，父母们都会拉着孩子走亲访友，又有哪个父母甘于在亲朋好友面前让自己的孩子穿戴"寒碜"呢？于是孩子们再次被沾染了攀比之风。我想，我的这些思考，应该比第一组代表更深入一些吧？（全班大笑）

师：以上三位同学都是认同第一组代表的关于"攀比"之说的感受，可喜的是他们又分别从自身、家庭、社会等方面来进一步思考形成攀比之风的原因。我认为，把他们的感受合起来，就比较客观、全面，也更深刻了。

其他同学还有要说的吗？

生 4：我很欣赏第二组代表关于一些"90后"彰显所谓的"个性"而扭曲了对"个性"正确理解的感受。相比第一组代表及刚才一些参加评议的几位同学的"攀比"现象之感受，第二组代表的感受就比较独特。漫画上的几个"90后"最大的特点是什么？就是崇尚所谓的"个性"。他们如此过分地追求个性，往往会迷失自我，甚至荒废学业。第二组代表还说他对这种现象感到"心寒、无奈"，从这一点上，我又觉得他很有责任心。

师：你说得有道理，我也有同感。

生 5：要说"独特"，我认为第四小组代表的感受最独特了。他没有人云亦云，撇开漫画中间那位买新款鞋的学生不谈，而是冲着他身边热心充当"看客"的学生说起，正因为有像他们那样的热心捧场，推波助澜，所以，"歪风邪气"才有了"土壤"和"舞台"。同时，他又以小丑的表演职业依赖观众作类比，很形象，很生动，给人留下了深刻的印象。

（掌声）

师：从同学们热烈的掌声里，我听出了你们中大多数人对第四小组代表所发表的感受的认可。的确，第四小组代表观察这幅漫画的角度比较独到，因此，他的感受就跟别人不一样。

　　写作依赖于生活，也依赖于作者细致独到的观察和由此获得的特殊感受，如果你感受到的与千百个人的感受别无二致，那就等于你没有什么感受。

　　感受具有个人思想感情的浓厚的主观色彩。同样的秋色，毛泽东眼里是"万山红遍、层林尽染"的"寥廓霜天万里秋"；杜甫眼里是"万里悲秋常作客，百年多病独登台"；宋玉的则是"悲哉秋之为气"。

　　我们每一个人，都是不同于任何人的个体，写作就应张扬自己的个性，这就需要我们留心观察生活，抓住事物的特征，善于多思深思，这样才能写出自己的独特感受，真正做到"文如其人"。

　　这节课就上到这里，下课。

【教学反思】

　　本节课整个流程分为四块：

　　一、设置老师迟到这个情境，让学生身临其境说感受。

　　二、由学生所交流的感受，探讨写出自己独特感受的"抓手"。

　　三、通过阅读身边同学的作文，进一步认识写出自己独特感受的"抓手"的重要性。

　　四、课堂习作片段练习，运用、巩固当堂所学。

　　本节课，上课伊始，设计老师迟到——课在高潮中开始。高潮的设计在于陷阱的设计，这样创设的老师迟到的情境，学生身临其境，写出的感受是鲜活的，学生的情绪一下被调动起来，从而使整堂课互动自然、热烈。接着，从学生互相交流的感受出发，探讨写出自己独特感受的"抓手"。从师生共同探讨的结果看，这个"抓手"是：细观察，抓特征，深思考，求真实。为了进一步认识细观察、抓特征、深思考、求真实的重要性，我所选用的阅读文章来自班级学生自己的习作，这样来自自己身边同学的文章，学生感到特别亲切，阅读兴趣更浓。同时，被选文章的作者也体验到了成功的乐趣。此外，课上师生共同探讨的：细观察、抓特征、深思考、求真实，这些写出自己独特感受的"抓手"，对学生很有启发，从学生当堂的习作片段练习来看，效果明显。

　　当然，课堂教学是一门遗憾的艺术，而写作教学尤为如此。本节课，学生互动虽然较热烈、频繁，但互动面还不够，有一部分同学还没有真正地参与其中，显得比较被动。特别是最后学生课堂习作片段练习完成后，当每组代表读完自己的书面片段，应让更多的学生充分地参与评说。此外，关于写出独特感受的"抓手"中的"深思考"这一点，教学中，我忽略了诸如由此及彼、由表及里、由个别到一般、由具体到抽象、由部分到整体等思考方法的介绍与总结。写出独特的感受，细心观察、抓住特征固然重要，但如果缺乏作者有方法的深思与善思，那写出的感受将是肤浅的，更遑论"独特"了。

附：教学设计

细观察　抓特征
——写出你独特的感受

教学目标：

1. 用心观察生活，表达出的感受一定要真实。

2. 深入思考生活，追求感受的独特性。

教学重点：

细致观察，抓住事物的特征，写出与众不同的感受。

教学时间：

1课时

教学过程：

一、导入：

1. 设置情境。

2.学生书面表达特定情境下自己的所思所感。

3.学生交流自己的所思所感。

4.通过交流,发现学生中写得与众不同的感受。

二、探讨写出与众不同感受的"抓手"。

三、以学生月考作文:《慢慢听懂的旋律》为例,进一步认识写出自己独特感受的"抓手"的重要性。

问题:

(1)读完这篇文章,你的第一印象是什么?

(2)作者写父亲,观察仔细吗?

(3)文章抓住了父亲什么特征来写?

(4)写父亲,作者独特的感受是什么?

四、课堂习作片段练习。

(1)学生观察一幅漫画,写100字左右的感受片段。

(2)生生、师生评议感受片段。

五、课堂总结。

7. 巧用比喻妙说理

——"比喻说理"教学实录与反思

时间：2010 年 1 月 11 日

班级：高一(2)班

听课人：语文组全体教师

(PPT 显示教师写的两段文字，让全体同学一齐朗读)

①我们每个人身上都有优点和缺点，只不过有的人缺点多，有的人缺点少。缺点多，也无需自卑，只要我们虚心改正，我们就能少走弯路。

②我们每个人都是被上帝咬过的苹果，都是有缺陷的。只不过有的苹果格外香甜，上帝就多咬了一口。即使面对"上帝多咬一口"——缺陷比别人多，也无需自卑，只要我们虚心改正，我们就能少走弯路。

师：老师所写的这两段文字内容是一致的，同学们喜欢那一段文字？

生（众）：第二段文字。

师：为什么？

生（部分）：第二段文字中把每个人比作是被上帝咬过的苹果，都是有缺陷的，很形象，很生动。

师：第二段文字是怎样做到形象生动的？

生（部分）：用了比喻的修辞手法。

师：是啊，比喻可以让说理形象生动。今天这节课我们就来共同探讨写作中如何运用比喻来形象说理。

（PPT显示课题：巧用比喻妙说理。紧接着板书出示第一个话题：早恋）

师：请同学们围绕话题"早恋"，每人说出"早恋像……"1~2个句子。

生1：早恋像青苹果。

生2：早恋像喝茶。

生3：早恋像泥潭。

生4：早恋像棉花糖。

生5：早恋像放风筝。

生6：早恋像饮酒。

生7：早恋像夹生肉。

生8：早恋像爬雪山。

生9：早恋像苦瓜。

生10：早恋像开车第一次上了立交桥。

……

（教师迅速板书学生所说的比喻句）

师：呵呵，同学们一下子说出了这么多丰富多彩的比喻句子。请问：你们这样作比的理由分别是什么呢？

生1：未成熟的青苹果，看一眼清纯亮丽，嗅一嗅清香宜人，但咬一口却只剩下满嘴的苦涩。我觉得这跟早恋性质很相似。

生2：早恋像放风筝，风筝飞上天空，它是自由、惬意的，但稍有不慎，就会被高树等他物所牵制，甚至线断筝毁，早恋的危害往往也如此这般。

生3：早恋像泥潭，泥潭是愈陷愈深的，沉迷于早恋，其危险也如同不慎滑入泥潭。

生4：早恋像夹生肉，肉是诱人的，许多人都喜欢吃，但违背煮肉的规律，火候没到，你就急着要去吃它，这后果轻则恶心想吐，重则伤了肠胃拉肚子。这跟过早恋爱带来的不利影响难道不像吗?

生5:开车第一次上了立交桥,壮观的立交桥纵横交错,车流如织,开车人可能顿时失去了方向,出口在哪里,下去后将会是哪里,也许一下摸不着头脑。早恋也有这种类似的感觉。

师:你有过这种类似的感觉吗?

(全班大笑)

生5:没有,没有。

生(部分):老师,就是有,他也不会说呀。

(全班又大笑)

……

师:刚才几位同学说早恋像青苹果、像泥潭、像夹生肉、像放风筝、像开车第一次上了立交桥等等,依据是早恋与他们联想到的喻体——物或事在性质上具有相似点。比喻说理,喻体与本体要有相似点,这一点是关键。"喻巧而理至"。恰到好处的比喻往往能帮助我们说清道理,让人容易听得进去。因此,同学们要特别注意。

另外,还请同学们注意:比喻说理,喻体可以是"物",像刚才几位同学说早恋像青苹果、像泥潭、像夹生肉等,这些喻体都是具体的"物"。同时,喻体也可以是"事",譬如,刚才有同学说"早恋像开车第一次上了立交桥"、"像放风筝",这些喻体就是"事"。

下面,请大家思考一下,能不能根据刚才同学们或自己对"早恋"所进行的比喻说理的思维过程来一个规律性的总结呢?

(5分钟后,开始有同学举手示意发言)

生1:拿到"早恋"话题,我先考虑到"早恋"对我们意味着什么?

师:你的思路是拿到话题,先要思考,审视话题,由此得出自己的见解,是不是?

生1:是。

(板书:审话题)

师：接着呢？

生1：接着客观地分析早恋的利弊，对我们学生来说，应该以学业为主，不能过早地沉迷于儿女情长吧。所以，早恋是弊大于利。这是我对"早恋"的看法。

师：也就是你的见解或者说观点，对吧？

生1：对。

（板书：得观点）

师：再接下去呢？

生1：……

生2：有了对话题的见解，接着借助联想，应该去找帮助自己形象说理的喻体吧。

（板书：借联想　找喻体）

师：说得对。不过要特别注意的是喻体与本体"早恋"要有……

生：要有相似点。

（板书：本喻体　求相似）

师：找到了合适的喻体，然后比喻说理。具体地说，就是通过叙写喻体特征来说理。不过说理一定要注意紧扣你对话题审视后得出的观点，即话题中心。

（板书：写特征　扣中心）

（至此，有关学生思维过程即比喻说理思路板书如下）

　　　　　　审话题　得观点

　　　　　　借联想　找喻体

　　　　　　本喻体　求相似

　　　　　　写特征　扣中心

师：有了这样的思路，那么，在进行比喻说理时我们也就有了"抓手"。下面，我们就来依据这样的思路试一试。

（PPT出示第二个话题：生命。要求：围绕话题，比喻说理，写100字左

右的片段练习）

师：请同学们按要求以最快的速度形成书面文字。随后我们集体交流、互评。

（5分钟后，同学们各自完成了书面片段表达）

师：好，大家来口头发表一下自己所写的片段。谁先来？我看还是发扬我们班"毛遂自荐"的优良传统吧。

（学生纷纷举手）

生1：生命就像一棵树。一棵树从种子发芽再到长成参天大树，都需经过无数风雨的洗礼。它与自然环境做着顽强的斗争，并不断地吸收着泥土中的养分，渐渐成长。人的生命也不例外，要在困境中不断拼搏才能闯出属于自己的一片天。

（学生继续说，老师板书关键词，以下同）

生2：生命像一艘远行的航船。航船在无边无际的大海中行驶，何处才是航船要去的方向，只能由手中的方向盘掌控。如果不小心疏忽了，那随时都有触礁的危险。

生3：生命像玻璃。外表晶莹剔透，完美无瑕。说它坚硬，它也很坚硬，有着坚硬的外表，能够阻挡外界一切细小的灰尘；说它脆弱，它也很脆弱，一不小心，它就会掉到地上，化为碎片，再也不会变回到原来完美的样子。人的生命亦是如此，只有像保护玻璃般小心保护它，生命才不会变成无法挽回的碎片。

生4：生命犹如一棵小草，平凡而坚强。悬崖上，小路边，甚至在石缝中，都能见到它们顽强地活着，吸收着土壤中的养分，与恶劣的环境顽强地作斗争，在逆境中生长。真正是"野火烧不尽，春风吹又生"啊！

生5：生命像放风筝。一开始慢慢放线，慢跑，让它渐渐飞升起来；之后，随着线越放越长，步伐越跑越快，风筝便越飞越高了。可是，如果线被树枝等障碍物勾住了，风筝便很难再飞向蓝天了……

生6：生命犹如浩瀚天空中的一颗流星。虽然它的生命很短暂，一闪即逝,但它却发出了属于自己的绚丽夺目的光芒。我宁愿做一颗流星,让自己短暂的生命绽放出最灿烂的光辉,让平凡的生命活出不平凡的价值。

生7:生命就像一支蜡烛。虽然普通,但很伟大。在短暂的时间内,蜡烛燃烧自己,照亮他人,释放出全部的光和热。因此,夜晚不再漆黑、寒冷。

生8:生命像一朵花。它沐浴着春风春雨,尽情地绽放,尽显其美丽的英姿。但随着时间的流逝,当它已无法维持这美丽的外表时,它便毫不犹豫地将能量全部注入种子,将全部的心思寄托在培育下一代上,准备给来年的春天再献上万紫千红。

……

师:刚才同学们口头发表了各自的习作片段,对照黑板上同学们共同总结出的比喻说理思路,相比之下,你认为哪位同学写得好,或者比较好,甚至有不足?下面,请大家各抒己见,来相互点评点评。

生9:我觉得以上几个同学在进行比喻说理时,都比较好。

师:你所说的"好"具体是指?

生9:我说的"好"是指他们所用的比喻都很恰当。

生10:我觉得把生命比作像放风筝,这个比喻既恰当又新颖。

生11:我认为把生命比作一朵花,说理让人信服。花在春天尽情地绽放,把美丽展现给人间。枯萎是为了培育种子,准备奉献下一个春天。这一特征与人类的一些具有奉献精神的生命特征非常相似。

生12:我更喜欢把生命比作玻璃。玻璃是易碎的,生命有时是脆弱的,这一点,两者十分相似。不过,作者(指生3)写了玻璃的外表晶莹剔透、完美无瑕、坚硬,还能够阻挡外界一切细小的灰尘等,我觉得这些多余。因为玻璃的这些特征与易碎的生命没有什么联系。

师:呵,你听得真仔细啊,我与你有同感。比喻说理时,通过联想寻找到的喻体,哪怕是很贴切的喻体,它一般都有多个特征。对于多个特征,我们应该选择与本体(即话题)在性质上有相似点的特征来写,这样才能做到围绕话题中心不枝不蔓来形象说理。这一点值得同学们特别注意哦。

还有同学要发表看法吗？

生：……

师：如果大家没说的了，下面，我请大家一起来看一看作家冰心同样以"生命"为话题而作的文章《谈生命》片段。

（PPT出示冰心《谈生命》片段）

谈生命

冰　心

我不敢说生命是什么，我只能说生命像什么。

生命像向东流的一江春水，他从最高处发源，冰雪是他的前身。他聚集起许多细流，合成一股有力的洪涛，向下奔注，他曲折地穿过了悬崖峭壁，冲倒了层沙积土，挟卷着滚滚的沙石，快乐勇敢地流走……

江流入海，我们是大生命中之一滴。要记住：不是每一道江流都能入海，不流动的便成了死湖。生命中不是永远快乐，也不是永远痛苦，快乐和痛苦是相生相成的。在快乐中我们要感谢生命，在痛苦中我们也要感谢生命……

师：这几段文字是从冰心所写的《谈生命》这篇文章中节选出来的。我们一起来读一读，看看冰心是怎么来谈"生命"的。

（全班学生齐读后，点评）

生1：冰心用了比喻来说理。她把生命比作向东流的一江春水。

生2：这个比喻我觉得很贴切，因为"生命"的特征与"向东流的一江春水"的特征在本质上非常相似。唉，刚才我怎么没想到呢？

（全班笑）

师：你能说说在冰心笔下江水的特征吗？

生2：江水的特征是不怕曲折，勇敢、快乐地向前奔流。

师：请你把冰心描写江水特征的内容朗读一下，好吗？

（生2朗读节选第二自然段）

师：好，你真的把江水的性格特征读出来了。下面，再请一位同学朗读第三自然段。

（生 3 朗读节选第三自然段）

师：这第三段写什么？

生 4：由写江水联系到大生命中的"我们"。

师：这一段能省吗？

生（众）：不能省。

师：大家都觉得不能省，不会因为这是大作家冰心写的就认为不能省吧？

（众笑。一些学生纷纷举手想要发表自己的意见）

生 5：不会。冰心写江水不是目的，目的是让读者懂得关于生命的"理"。即人对生命的正确态度，这个正确态度是：应该像江水一样不怕挫折，勇往直前。

（大家鼓掌）

师：冰心在叙写喻体即一路奔腾不息的"江水"特征之后，水到渠成地联系社会、人生等来说理。正所谓喻巧而理至。这个说理过程是由抽象——具象——抽象。前一个"抽象"是话题"生命"；"具象"是与话题具有相似性的喻体"江水"；后一个"抽象"是通过比喻自然得出的关于人的生命的道理。

（板书如下）

师：对照冰心文章中的比喻说理过程，我们同学刚才所进行的同样关于"生命"话题的比喻说理练习片段，可取的是大家所联想到的喻体大多比较贴切，不足的是……

生（众）：比喻之后没有联系到人的生命意义来谈，没有上升到"道理"。

师：是啊，以上口头发表自己的习作片段的8位同学，我留心了一下，其中只有3位同学在叙写喻体特征之后注意到了结合人的生命来说"理"。这3位同学请站起来一下，好吗？

（以上交流中的生1、生3、生6三人面带微笑地站起来）

师：在比喻说理过程中的这一环节上，以后我们既要向作家冰心学习，也要向我们班的这3位同学学习呀。

（全班向站起来的3位同学报以掌声）

师：总而言之，比喻说理，有了说理的思路（指示板书），通过联想找到贴切的喻体，千万不要忘了紧扣话题中心，联系现实人生、社会生活等来说"理"。

（让学生在自己的课堂笔记本上记下黑板上的板书："比喻说理的思路"，并在"借联想、找喻体、求相似、扣中心"短语下面加上着重号）

最后，布置一下今天的课后作业：请同学们根据课上所学，修改课上自己所写的以"生命"为话题的习作片段。

修改要求：比喻说理的喻体恰当，叙写喻体特征后要联系人的生命来说"理"。

下课。

【教学反思】

设计本节课是基于当前中学生议论文现状的思考。眼下，中学生作文普遍存在说理干巴、板着面孔说教的严重现象。而教师的作文指导往往只是局限在"命题解说"、"例文引路"、"作文评改"等方面，缺少"写作过程"的指导。其原因是"写作过程"隐存于学生的思维之中，看不见，摸不着，鲁迅先生将其称之为"暗胡同"，指导者往往难以下手。但难以下手并不意味着不能下手。针对学生作文说理现状，加强写作过程的指导，教给学生一些比喻说理的思路，这是本节课我思考和教学实践的出发点和重点。

本节课"写作过程"的指导重点放在培养学生想象与联想的能力上。通过对"早恋"、"生命"两个话题进行比喻说理片段练习,力求让学生通过自己的联想,调动自己的生活、知识积累,合理、恰当地寻找喻体来对较抽象的话题进行形象说理,从而真正做到以理服人。从教学过程看,这个目标基本达到。

从初中到高中,实际上学生在课本中已学习了不少的比喻说理文章,如《寡人之于国也》、《邹忌讽齐王纳谏》、《种树郭橐驼传》、《艰难的国运与雄健的国民》、《拿来主义》等等。在教学前或教学中应让学生"温故",利用已有的知识储备,以便更好地促进自己的写作实践。这一点,这节课我疏忽了。其次,关于"生命"的话题,学生比喻说理的书面表达,如果课堂上用投影将有代表性的片段"打"出来让全班同学看,这样学生欣赏、点评起来会更直观,效果会更好。

本节课,让学生体会比喻说理的妙处,初步掌握比喻说理的思路和方法,课堂训练着重对话题的片段说理练习,是"点"上的训练。这只是一种手段,目的是让学生在以后的作文中会用比喻来说理。因此,这堂课后,紧接着应让学生进行"面"上的训练,即"篇"上的训练。通过训练,让学生在写说理文时说理不再干巴巴,从而让他们思之有"路",言之形象,言之有理。

附:教学设计

巧用比喻妙说理

教学目标:

1. 初步掌握并运用比喻说理的方法,培养观察和想象能力。
2. 以师生、生生互动讨论方式和读写结合方法为主。
3. 初步树立正确的爱情观和人生观。

教学时间:

1课时

守望语文课堂

教学过程：

一、导入：

出示教师写的两段话，阅读后比较：

①我们每个人身上都有优点和缺点。只不过有的人缺点多，有的人缺点少。缺点多，也无需自卑，只要我们虚心改正，我们就能少走弯路。

②我们每个人都是被上帝咬过的苹果，都是有缺陷的。只不过有的苹果格外香甜，上帝就多咬了一口。即使面对"上帝多咬一口"——缺陷比别人多，也无需自卑，只要我们虚心改正，我们就能少走弯路。

比较两段话后明确：比喻说理，形象生动。

二、说一说：

出示第一个话题：早恋。

学生活动：

1. 围绕话题说说"早恋像……"1～2个句子。

2. 学生小组活动："早恋像××"，为什么？请各自说"理"。

3. 小组代表在班级口头交流。

4. 视其学生说理情况，老师适时出示"下水"习作片段。（此环节视其情况而定）

提醒注意：

1. 比喻说理，喻体与本体要有相似点。

2. 喻体可以是"物"，也可以是"事"。

三、理一理：

比喻说理思路：

    审话题 得观点

    借联想 找喻体

    本喻体 求相似

    写特征 扣中心

四、试一试：

出示第二个话题：生命。

学生活动：

1.围绕"生命"话题写100字左右的片段练习。

　　要求：比喻说理。

2.小组交流习作片段，并相互点评。

3.出示冰心《谈生命》片段（略），阅读，点评。

明确：

①抽象——具象，具象——抽象。

②前一"抽象"与后一"抽象"不同。

4.学生进行课堂总结。

五、课后作业：

修改课上以"生命"为话题的习作片段。

8. "让我们想象的翅膀会飞起来"课例

【引言】

上海市《中小学语文课程标准》明确规定：写作教学，要让学生"能恰当地展开想象和联想"。华师大版高中语文课本第二册"写作"部分对想象的作用作了这样的描述：拥有了想象的翅膀，让思想展翅飞翔，写作时就会感到海阔天空，可纵横驰骋。

【学情分析】

在写作教学中，我发现学生想象的翅膀是能飞起来的，但往往他们能"飞"不会"飞"，不能做到恰当地、合情合理地展开想象。

【课例产生背景】

华师大版高中语文课本第二册中的小小说《走出沙漠》是青年作家沈宏的作品。作为课文作者，在2010年第5期的《语文学习》刊物上，他发表了《让我们想象的翅膀飞起来》一文。文中，他介绍了如何让自己想象的翅膀飞起来，从而成功地创作了《走出沙漠》这篇小小说。

读完沈宏《让我们想象的翅膀飞起来》一文，我便有了一种设想：我要利用此文，联系学生的实际，结合本学期教材中《走出沙漠》的课文阅读，来上一节作文课，课题即为"让我们想象的翅膀会飞起来——以续写《走出沙漠》情节为例"，重在引导学生恰当地展开想象。

【课前准备】

1.印发《让我们想象的翅膀飞起来》一文(作者:沈宏。文章来源:2010年第5期《语文学习》)

2.印发小小说《走出沙漠》1～14自然段内容(15自然段至最后的内容被我"留白")

【教学目标】

通过阅读、续写小说《走出沙漠》部分情节,学会恰当地展开想象。

【教学重点】

通过续写小说《走出沙漠》部分情节,在分析、比较的基础上,探究、学会如何恰当地展开想象。

【教学方法、手段】

利用课文并借助相关材料,采用提问、点拨、学生合作讨论的形式组织教学。

【教学过程及反思】

(一)导入。

在最近出版的《语文学习》刊物上,作家沈宏发表了《让我们想象的翅膀飞起来》一文。在文章结尾,现为编辑的他说:"从大量的中小学生来稿中,我发现大多数作文缺乏想象力。"因此,沈宏深情地呼唤广大中学生朋友:"让我们想象的翅膀飞起来吧!"同学们,你们能"飞"吗?据我观察、了解,你们能"飞",因为我们每个同学都具有"想象"这一"隐形的翅膀"。但能"飞",关键是要"会"飞。这节课,我们就以为小说《走出沙漠》续写情节为例,一起来探究如何让自己想象的翅膀会飞起来。

(板书课题:让我们想象的翅膀会飞起来——以续写《走出沙漠》情节为例)

(二)学生阅读小说《走出沙漠》部分情节。

师:(发材料)请同学们阅读小小说《走出沙漠》第1～14自然段。阅读后思考:

小说的情节发展到14自然段,"我"与孟海他们为了水壶再一次对峙着,就在"我"绝望地要摘下胸前的水壶时,这之后的情节,如果让你来当一回作家,你如何设置?

【反思】

课堂上问题呈现方式有口头的、书面的,书面的包括板书、投影等。此处要求学生阅读后思考的"问题"呈现的方式是口头的,而口头呈现的"问题"具有即时性——学生如果没听清,再想了解,便无处可寻。此处宜使问题"固化"呈现。

【教学再设计】

将阅读小说后思考的"问题"投影到大屏幕上。这样,学生思考的问题看得见,摸得着,可以提高学生的思维效率。

(教师投影要求学生阅读后思考的"问题")

(三)学生着手设置、续写《走出沙漠》被"留白"的情节。

师:同学们已经读完了。下面,请你们发挥想象,接着小说14自然段,把后面的情节续写下去。

注意:续写要做到情节完整。另外,课堂时间有限,请同学们只写出自己设计的情节关键词。

大家看是单独完成还是合作来完成呢?

生(集体):合作。

师:那好,大家以小组为单位,合作完成吧。不过,顺便问一下,你们有人之前读过这篇小说吗?

生(部分):有。

(全班计有6人读过)

师:这样,已经读过这篇小说的6位同学站出来单独合成一组吧。

【反思】

其一,学生阅读小说部分情节后,教师没有先让学生有充分的时间单独地思考问题,马上就让学生选择是独自还是合作来完成情节的续写,不妥。

因为没有足够的时间让学生们来独自思考老师提出的问题,因此,学生小组合作构思小说情节时便出现了"人云亦云"、"甩手掌柜"、"莫衷一是"等现象,以致这一环节耗时较长。其二,让6位课前已读过小说的同学站出来单独合成一组,这样直接地造成了学生之间的不平等,这种人为制造的学生间的不平等,是教师在教学中应力求避免的。

【教学再设计】

课上让全班学生通读小说《走出沙漠》全文;阅读全文后,让学生带着教师提出的问题有足够的时间先独自构思小说部分情节;在学生合作环节,明确规定合作活动时间,以增强学生的竞争意识。

(四)小组交流各自续写的情节。

师: 每小组都已写好了。现在请每小组选派一名代表,将本组续写的情节关键词板书到黑板上。

(小组代表板书,内容如下)

小组1: 孟海扑上来抢水壶——队员与孟海打斗、争水——队员死亡——孟海负伤

小组2: 一队员捡到一只装满水的水壶——队员们分水、喝水——继续赶路

小组3: 孟海四人抢水壶——四人互相争水、搏斗、残杀——四人伤亡

小组4: 出现海市蜃楼——看到沙漠绿洲——带来希望——继续走下去

小组5: 孟海抢水壶——发现水壶装的是尿——四人争喝尿——继续走下去

【反思】

此环节,上黑板的学生多,一时间,黑板前显得拥挤、嘈杂,且学生写起来也比较慢,耗时长。

【教学再设计】

每小组选派一名代表,将本组续写的情节关键词说出来,教师很快地在

黑板上分别写出各小组设置的情节关键词。

(五)梳理《走出沙漠》全文情节。

师：每小组设置的情节都出来了（指点板书的情节关键词），下面，我们一起来梳理一下《走出沙漠》作者沈宏设置的情节。

师：小说情节的发展离不开人物，小说开头交代了哪些人物？

生："我"、"他们四人"。

（板书："我" "他们四人"）

师："我"跟谁之间发生了对峙？

生："他们四人"。

师：因为什么发生对峙？

生："他们四人"想要抢"我"胸前的水壶。

（板书：水壶）

师：水壶是用来装水的，"我"胸前的水壶装的是水吗？

生：不是，是沙！

（板书：水？ 沙！）

（至此，教师形成以下板书）

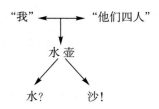

【反思】

梳理小说情节，教师引导恰当，板书简洁明了。但此环节宜安排在学生阅读小说全文之后。

(六)比较学生续写的情节及《走出沙漠》原文情节。

师：作者沈宏设置的情节及同学们构思的情节都在此（指板书），现在，同学们来比较一下：到底谁的情节设置更恰当呢？

【反思】

将学生想象构思的情节与作家设置的情节作比较，学生的直接反应可能就是：人家是作家，我设置的情节肯定没有他好。这样的比较，比掉的是学生的自信心，同时还会压抑学生的个性，不利于学生以自信、平等的姿态来审视自己的想象成果。

【教学再设计】

明确比较的依据，让学生小组之间进行比较。

师：每小组设置的情节关键词都出来了，下面，我们一起来比较一下，看看哪些组的情节设置更恰当呢？

当然，判断谁的情节设置更恰当，总得有个依据。因为同学们是给题为《走出沙漠》的小说续写情节，那首先是否应该考虑：自己续写的情节能保证让考察队员们走出沙漠吗？

【反思】

教师问学生"是否应该考虑：自己续写的情节能保证让考察队员们走出沙漠吗？"这一提问中的"是否"一词的运用，体现教师对自己的定位准确：教师把自己置身于学生中间，是课堂中的一员，而不是权威。但此环节中，若教师将判断谁的情节更恰当的依据让学生自己去寻找，则效果更好。因为学习任何知识的最佳途径就是由自己去发现和理解，这样获得的知识理解最深刻，掌握最牢固。学生是学习的主体，课堂上教师应始终帮助、引导、点拨学生的学习，让学生自己"跳一跳摘到桃子"。

【教学再设计】

教师提出"判断哪一组设置的情节更恰当，依据是什么"这一问题，让学生思考后回答。如果个人思考、回答有困难，可组织小组合作讨论解决。若小组合作讨论解决仍有难度，在适当的时候，教师再引导、点拨、明确，从而把学生自己很难解决的疑问解决。

师：我们一起来看看5个小组设置的情节（指示板书）中，哪些小组能让考察队员们走出沙漠？

生1：第3小组设置的情节，队员因抢水搏斗伤亡，不能走出沙漠。

生2：第1小组好像也不能。因为一些队员在争斗中死亡，孟海已受伤，也不一定能保证走出沙漠。

师：剩下的三个小组呢？

生3：第2小组嘛，捡到一只装满水的水壶，队员们有水喝了，应该能支撑着走下去。

师：虽然几率很小很小，但很幸运，捡到了一只装满水的水壶。（学生笑）这壶水能支撑多久，能保证让队员们走出沙漠吗？

生3：……很难说，不确定。

生4：第5小组也不能确定，跟第2小组差不多。因为"尿"也是"水"嘛。

（生大笑）

师：剩下的是第4组，他们的情节设置能保证队员们走出沙漠吗？

生5（第4组）：我们组设计的应该能行。出现"海市蜃楼"，看到的是"沙漠绿洲"，绿洲内翠柳成荫，倒映在一个微波荡漾的湖面上。这是一幅多么迷人的景色呀！它会驱散队员们的疲劳，让队员们忘了没水的干渴，给大家带来了希望。考察队员们满怀喜悦的心情向着绿洲奔去，最终走出沙漠。

生6：我认为第4组设置的情节不一定能保证队员们最终走出沙漠。"沙漠绿洲"即蜃景，它是地球上物体反射的光经大气折射而形成的虚像，所谓"蜃景"就是光学幻景。它是瞬间的，容易消失的，所以不一定能保证队员最终走出沙漠。

师：但不排除有可能性，对吗？

生6：对。

师：五个小组比较下来，看来有可能走出沙漠的是第2、第4、第5三个组。因为第2、第5组都有一定的物质基础，即"水"或者"尿"（学生笑）。第4组看到了"海市蜃楼"，即看到了希望，有一定的精神基础。那么，依靠物质的力量和依靠精神的力量，哪一种走出沙漠的可能性更大一些呢？

生：应该是依靠精神的力量可能性更大一些。

师：关于这一点，我们来听听作者沈宏是怎么说的。请同学们看沈宏最近发表在《语文学习》上的《让我们想象的翅膀飞起来》一文。沈宏在文中说："《走出沙漠》揭示了人类一个共同的主题：人的精神力量无穷无尽，信念能战胜恐惧和死亡，能创造生命的奇迹。由此这篇小小说才能引起广大读者的共鸣。"沈宏在小说中设置的一壶假"水"对小说中不知情的"他们四人"来说，那就是活下去的信念和希望，凭着这个信念或希望，考察队员们才最终走出了沙漠。

（教师完善板书）

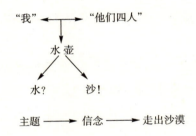

师：这样看来，我们哪一小组设置的情节及其所表现的主题与作者沈宏的接近？

生（集体）：第4小组。

师：第2、第5小组情节的设置也有一定的道理，但与第4小组的情节相比，显然第4小组所表现的主题要深刻一些。因为物质的力量是有限的，而精神的力量是无穷的。所以，判断谁想象设置的情节更恰当，还要看谁所表现的主题更深刻。

【反思】

新课标中积极倡导"自主、合作、探究"的学习方式。此环节中，尽量多让学生说话，给学生创造各种说话的机会，激发他们说话的愿望。学生在比较中对话，思维活跃。

课堂上让学生多说,并不是老师撒手"放马",所有时间都让给学生,而是教师要有调控能力,发挥自己的主导作用。

(七)总结如何恰当地展开想象。

师:通过以上情节想象构思实践,对于特定文题或主题下的情节设置,如何想象呢?

(学生思考,一时默然)

【反思】

"对于特定文题或主题下的情节设置,如何想象呢?"这个问题显得空泛,缺乏操作性,学生茫然,似乎摸不着头脑。

【教学再设计】

紧扣教学环节,联系学生小组各自设置的情节情况,把问题具体化,让学生明白。

师:对于特定文题或主题下的情节设置,同学们结合以上各小组合作构思经历,要做到恰当地想象应该注意什么呢?

(学生思考)

生1:想象应合乎文题,不能异想天开,更不能胡思乱想。

师:这一点很重要。

生2:想象要跟作品表现的主题保持一致,同时还要尽量做到使主题深刻一些。

(教师板书,内容如下)

恰当想象
↓
合乎文题
↓
主题深刻

【反思】

对于特定文题或主题下的情节设置,要恰当地想象,仅仅注意合乎文题、表现较深刻的主题还不够,还需向学生交代:想象要合情理。在强调这一点时,架空地讲,学生心里不信服,脑中不留痕。结合具体实例来讲,让学生入脑入心,印象深刻,效果好得多。

【教学再设计】

让学生阅读《让我们想象的翅膀飞起来》,体会作者力求让想象合情合理的用心之苦、功夫之深。

师:当然,对于特定文题或主题下的情节设置,恰当的想象,除了要合乎文题、主题力求深刻外,还需做到合乎情理。

请同学们阅读《让我们想象的翅膀飞起来》文中的第二自然段,体会作者沈宏在设置小说的情节时是如何力求做到合情合理的。

(学生阅读,教师总结)

【反思】

活用身边材料——《让我们想象的翅膀飞起来》一文,通过阅读,学生眼见为实,见证了作者沈宏追求合情合理的想象过程,使得学生学有榜样。但阅读后的总结,教师有越俎代庖之嫌,总结应该让学生自己去总结。文章要让学生读进去,内容要让学生说出来,把话语权还给学生,学生"说"的机会多了,理解能力也将随之逐步提高。

【教学再设计】

学生阅读《让我们想象的翅膀飞起来》一文中的第二自然段,并总结教师提出的问题。

师:请同学们阅读《让我们想象的翅膀飞起来》文中的第二自然段,阅读后总结:作者沈宏在设置小说的情节时是如何力求做到合情合理的?

(学生阅读、思考,随后总结)

生:沈宏在他的文章中说:在小说故事情节发展的设置上,他曾把"我"胸前挂着的水壶设计是空的,但通过实验,容易被人识别。于是想到必须要在水壶里灌东西。开始他想到"灌尿",但马上又否定了,因为尿还是"水",这样考察队员们还没有陷入绝境。最后从一本画报上偶然看到一幅有关沙漠的照片,这幅照片给了他灵感,茫茫沙漠,沙丘绵延起伏,除了沙,什么也没有,于是,沈宏想到了在空着的水壶中灌沙,可谓是就地取材,合情合理。凭着一壶假"水",不知情的"他们四人",依靠这个希望即精神的力量,考察队员们最终走出了沙漠。这样表现的主题非常深刻,合情合理。

(学生说,教师完善板书)

师:请同学们将黑板上的内容做一做笔记。注意到这些(指板书),我们就能够恰当地展开想象,换句话说,我们想象的翅膀就会飞起来。最后请同学们来总结一下本节课学习的主要内容。

(学生总结课堂学习内容)

【反思】

让学生自己总结一堂课所学习的知识,使学生的思维能力、动手能力得到训练,真正成为学习的主体。

(八)布置作业。

师:同学们掌握了恰当地展开想象的要领。课下,请同学们来试一试:

(PPT出示材料)

一个盲人靠说书弹三弦糊口,他师父临死时对他说:"我有一张复明的药方,已将它封进你的琴槽中,当你弹断第1000根琴弦的时候,你才可以拿到药方。记住,你弹断每一根弦时,都必须尽心尽力。否则,再灵的药方也会失去效用……"50年过去了,他仍在为这个梦想弹着琴……终于,一声脆响,他弹断了最后一根弦——第1000根!他满怀虔诚、满怀希望地打开琴槽……

请发挥你的想象,将这个故事续写下去。

要求:立意自定,想象合理,思路清晰,结构完整。600字以上。

师:与续写《走出沙漠》情节相比,这个要续写的故事没有给我们特定的题目,碰到这样的情况,我们首先该怎么办?

生:应该先根据这个故事确立一个主题,然后围绕主题拟一个文题。

师:没错。在自定主题,自拟题目后,请同学们根据今天课堂所学,恰当、合理地展开想象,续写故事。

【反思】

此处所给"故事"没有特定题目,相对于本节课给有文题的小说续写情节来说,难度稍大一点。因此,出示"这个故事"后,教师适时地点拨、引导一下,跟学生进行适当的沟通以达成共识,很有必要。

【教学反思】

教学要做到有效性,就应联系学生学习的实际具有针对性。本学期,在教学莫泊桑的短篇小说《项链》之后,我让学生发挥想象给小说续写结尾,学生在续写时"特别有感觉"(学生语),续写出来的结尾可谓异彩纷呈。但问题也随之出现了:当得知项链是假的后,有的想象玛蒂尔德一下子疯了;有的想象玛蒂尔德随后得了抑郁症;有的想象玛蒂尔德接受不了现实而自杀了等。学生更多地是从自己的人生经验出发,呈现出了多种多样的想象、见解,这是正常的。但这样的结尾中的玛蒂尔德是学生自己心目中的"玛蒂尔德",不是莫泊桑笔下那个美好容貌的消逝、青春年华的流逝换来了健全人

守望语文课堂

性复归的玛蒂尔德。学生能够想象,但想象往往脱离原文的主题,欠合情合理。针对这样的现状,当我读到今年第5期的《语文学习》上课文作者沈宏发表的《让我们想象的翅膀飞起来》一文后,我便想抓住这个契机,于是便设计了本节课的教学,目的是想让学生恰当地展开想象,让想象的翅膀会飞起来。

我任教两个平行班级。我认为,语文教师同时任教两个班级的课,很有好处。只要自己肯思考,肯反思,同样的教学内容,在第一堂课中出现的一些遗憾、不足,会在第二堂课中得到及时的调整、补救。本课例中,我在反思后进行的"教学再设计",在第二堂课的教学中得到了较好的落实。

经过了"教学再设计"的第二堂课,其中有两个环节与第一堂课相比有了较大调整。其一,各小组交流小说续写的情节,第一次教学,是让各小组派代表上黑板板书设置的情节的关键词。再设计再教学,我将其改为学生说,我代为板书关键词。这样一来节约了课堂时间,使得教学有序、快速地向前推进;其二,各小组比较、判断哪一组设置的情节更恰当,再设计、再教学中,我让学生自己思考,自己找出判断谁更恰当的依据,然后对照"依据",学生自己说,自己比较,我只在其中适时点拨。与第一堂课相比,这两个环节,我注意让学生口动起来。课堂上,让他们尽量地说,尽情地说,学生表现出了极大的热情,课堂气氛热烈融洽。在对话、比较中,学生"跳一跳摘桃子",通过身体力行,掌握了恰当地展开想象的要领。

当然,教学尤其是作文教学,想说"满意"不容易。尽管课例中我在反思的基础上进行了教学再设计、再教学,但仍留有一些遗憾。如:因考虑课堂时间有限,学生阅读小说《走出沙漠》时,时间给予不够充足,有急躁情绪,致使学生阅读不充分,因而影响了思维的质量。其次,注重了学生的"说",但在说的"面"上没有完全铺开。对于一些课堂上不爱说的学生,应该积极地去调动他们,让他们尽量地在课堂上多思考,多开口。这样才能体现出"面对全体学生"的课标精神,才是真正地把课堂学习的主体地位交给了学生。学生脑动了,口灵了,写作时手也就巧了。

附一：

走出沙漠

沈　宏

　　他们四人的眼睛都闪着凶光，并且又死死盯住那把挂在我胸前的水壶。而我的手始终紧紧攥住水壶带子，生怕一放松就会被他们夺去。

　　在这死一般沉寂的沙漠上，我们对峙着。这样的对峙，今天中午已经发生过了。

　　望着他们焦黄的面庞与干裂的嘴唇，我也曾产生过一种绝望，真想把水壶给他们，然后就……可我不能这样做！

　　半个月前，我们跟随肇教授沿着丝绸之路进行风俗民情考察。可是在七天前，谁也不知道怎么会迷了路，继而又走进了眼前这片杳无人烟的沙漠。干燥炎热的沙漠消耗了我们每个人的体力，食物已经没有了，最可怕的是干渴。谁都知道，在沙漠上没有水，就等于死亡。迷路前，我们每人都有一壶水；迷路后，为了节省水，肇教授把大家的水壶集中起来，统一分配。可昨天夜里，肇教授死了。临死前，他把挂在脖子上的最后一个水壶交给我说："你们走出沙漠全靠它了，不到万不得已时，千万……千万别动它。坚持着，一定要走出沙漠。"

　　这会儿他们仍死死盯着我胸前的水壶。

　　我不知道什么时候能走出这片沙漠，而这水壶是我们的支柱。所以，不到紧要关头，我是决不会取下这水壶的。可万一他们要动手呢？看到他们绝望的神色，我心里的确很害怕，我强作镇静地问道："你们……"

　　"少啰嗦！"满脸络腮胡子的孟海不耐烦地打断我，"快把水壶给我们。"说着一步一步向我逼近。他身后的三个人也跟了上来。

　　完了！水壶一旦让他们夺去，我会……我不敢想象那即将发生的一幕。突然，我跪了下来，"求求你们不要这样！你们想想教授临死前的话吧。"

　　他们停住了，一个个垂下脑袋。

我继续说:"目前我们谁也不知道什么时候能走出沙漠,而眼下我们就剩下这壶水了。所以不到紧要关头,还是别动它,现在离黄昏还有两个多小时,趁大家体力还行,快走吧。相信我,到了黄昏,我一定把水分给大家。"

大伙又慢慢朝前艰难地行走。这一天总算又过去了,可黄昏很快会来临。过了黄昏还有深夜,还有明天,到时……唉,听天由命吧。

茫茫无际的沙漠简直就像如来佛的手掌,任你怎么走也走不出,当我们又爬上一个沙丘时,已是傍晚了。

走在前面的孟海停了下来,又慢慢地转过身。

天边的夕阳渐渐地铺展开来,殷红殷红的,如流淌的血。那景色是何等壮观!夕阳下的我与孟海他们再一次对峙着,就像要展开一场生死的决斗。我想此时已无路可走,还是把水壶给他们吧。一种真正的绝望从心头闪过,就在我要摘下水壶时,只听郁平叫道:"你们快听,好像有声音!"

大伙赶紧趴下,凝神静听,从而判断出声音是从左边的一个沙丘后传来的,颇似流水声。我马上跃起:"那边可能是绿洲,快跑!"

果然,左边那高高的沙丘下出现一个绿洲。大伙发疯似地涌向湖边……

夕阳西沉,湖对岸那一片绿色的树林生机勃勃,湖边开满了各种芬芳的野花。孟海他们躺在花丛中,脸上浮现出满足的微笑。也许这时他们已忘掉了还挂在我胸前的那个水壶。可我心里却非常难受,我把他们叫起来:"现在我要告诉你们一件事。为什么我一再不让你们喝这壶水呢?其实里面根本没有水,只是一壶沙子。"我把胸前的水壶摘下来,拧开盖。霎时,那黄澄澄的细沙流了出来。

大伙都惊住了。

我看了他们一眼,沉重地说:"从昨天上午开始,我们已没有水了。可教授没把真相告诉我们。他怕我们绝望,所以在胸前挂了一个水壶,让我们以为还有水。为了不被我们看出是空的,他偷偷地灌上一壶沙。事后,教授知道自己不行了,因为他已经几天没进水了,他把自己的一份水都给了我们。

教授把事情告诉我并又嘱咐：千万别让大家知道这水壶的真相。它将支撑着我们走出沙漠，万一我不行了，你就接替下去……"

我再也说不下去了。孟海他们已泣不成声。当大家回头望着身后那片死一般沉寂的长路时，才明白是怎样走出了沙漠……

附二：

让我们想象的翅膀飞起来

沈 宏

华东师大版高中语文课本（试用本）高一年级第二学期中收录了我的小小说《走出沙漠》。这篇小小说创作于上世纪80年代，确切地讲是1987年。屈指算来已经20多年了。

《走出沙漠》的创作素材取自一个听来的真实故事。那时我们湖州市工人文化官有个文学社，文友们常在一起交流。在一次聚会上我听说师院的几位大学生利用暑假沿着丝绸之路考察民俗风情，途中他们经历了多次迷路的艰险，还经历了断水断粮的干渴和饥饿，与风云变幻的大自然顽强搏斗。这给我带来了创作灵感，我回家把这个故事记录下来，并让我想象的翅膀飞起来。如：小说中的肇教授没有原型，是我自己设置的。一篇小小说中，我觉得最重要的是要有"小说核"，这个"小说核"就是这篇小说的灵魂。我在《走出沙漠》中选择了"一个水壶"作为统领故事发展的"核"，并让小说中所有的人围绕这个"核"展开活动。为此，创作一开始我就定下这个水壶是"空"的——小说一开始，"他们四人的眼睛都闪着凶光，并且又死死盯住那把挂在我胸前的水壶……"这时的水壶已经完全是"空"的，这一开始就让在场的所有人都陷入绝境。但是为增加故事的悬念，我必须要让小说中所有在场的人（教授除外），包括我们的读者都以为水壶中还有水。所以我必须要在故事情节发展的设置及叙述上下工夫，这个我做到了。在创作中我又想到另一个问题，那就是空的水壶挂在教授胸前肯定会被发现。我曾做过试验,把一个满的水壶和一个空的水壶分别挂在胸前让人识别,很快就被认出哪个是空的,哪个是满的。所以要解决这个问题,必须要在水壶里灌东西。可灌什么东西呢?开始我曾想到"灌尿",但马上又否定了,因为尿还是"水",这样我们的考察队员还没有陷于绝境。这个问题曾让我苦恼。一次,我在一本画报上看到一幅有关沙漠的照片——在茫茫无际的沙漠上,沙丘绵延起伏。沙漠上除了黄澄澄的细沙,别的什么也没有。我突然想到水壶里何不灌一壶沙子?对,一壶沙子!这样考察队员就完全陷于绝境了。一壶沙子,这是小说中最核心的创意!

当时这篇小小说发表后,有人曾问我,你是不是去过沙漠?我说没有,我没有去过沙漠。但我想这并不妨碍我创作这篇小小说。文学创作最重要的是想象,这就是我们常说的文学创作源于生活,高于生活。当我们在生活中获得了有价值的创作素材时,更应该让我们想象的翅膀飞起来!

《走出沙漠》最早发表于1988年第12期的《天津文学》,很快被《小小说选刊》(1989年第4期)转载,并获得《小小说选刊》1989—1990年度全国优秀小小说作品奖。还在当时获奖的10篇优秀小小说作品中名列榜首。20多年来,《走出沙漠》不断入选各种经典文学版本,如《小小说百家代表作》、《百年百篇经典微型小说》、《世界微型小说经典》、《中国新文学大系(微型小说卷)》、《新中国60年文学大系(小小说)》等;尤其是近几年,《走出沙漠》不断入选高等院校、中学语文教材,如清华大学出版社的全国高职院校公共教材《文学欣赏》,教育部推荐教材——《全国中等职业学校文化基础课程教学用书》(高等教育出版社)等;还入选香港特别行政区中学生教材及加拿大大学教材;并入选一些省、市高考、中考模拟考卷语文试题。

在此,我想告诉广大的中学师生朋友,《走出沙漠》的成功并非偶然,首先是《走出沙漠》揭示了人类一个共同的主题:人的精神力量无穷无尽,信念能战胜恐惧和死亡,能创造生命的奇迹。由此这篇小小说才能引起广大读者的共鸣。再是《走出沙漠》凝聚了我多年创作之心血。其实对我而言,创作《走出沙漠》也让我走出困境。

记得20世纪70年代末,我曾与几位诗友创办过一份诗歌油印刊物《骚坛》。那时候我是一家丝织厂三班倒的青年工人,15元工资,外加2元米贴,合起来才17元月薪。然而,物质的贫乏、生活的艰辛丝毫没有减弱我对文学创作的热情。一位诗友在钢板蜡纸上刻下了第一期油印刊物《骚坛》。当《骚坛》创刊号(只有薄薄的几页)诞生时,我们那种狂喜,对今天的一些年轻人来说,是无法想象的。我觉得我们当时对文学的那种燃烧的激情已远远超过那本油印创刊号本身的意义,我们整个灵魂得到了一次从未有过的释放和升华。

从80年代中期开始,我以极大的热情投入到小说创作上,当时一种新型的文学创作体裁——如今已被列为小说"四大家族"之一的小小说让我痴迷。《走出沙漠》的发表,在我的文学创作上是一个重要转折。

从发表获奖至今已20多年了,我也从一名普通工人成长为一名编辑。我从事《湖州晚报》教育版编辑已10多年,累计发展了数万名小记者。我一直为中小学生做"嫁衣裳",许多学生因在我编辑的版面上发表文章,而对他们的学习生活产生了动力,这是我感到欣慰的。但从大量的中小学生来稿中,我发现大多数作文缺乏想象力。想象就是创新,想象力就是创造力。这在我们当今的中国是多么需要啊!在此,我要对广大中学生朋友说:人生应该是积极向上的,写作是一件美好的事,让我们想象的翅膀飞起来吧!

9. 跨过"包揽"这道坎

——作文互批互改的探索与实践

对语文老师来说,作文教学最大的包袱就是作文批改。许多老师花费大量的时间、精力对学生的作文精批细改,然而,"学生写,老师改,写完改完一边甩",学生往往对老师的辛勤劳动不大理睬,无动于衷,上次作文的毛病,下次作文照犯。究其原因,我认为是师生主客体位置倒置所致。学生是学习的主体,教师在批改作文时,常常越俎代庖,大包大揽,"只顾到学生的作文,而忘记了作文的学生"。以至于学生主动探究作文得失过程被剥夺。为了让学生在作文评改环节由"看客"变成"主角",化被动为主动,自主学习,自我内化、整合、建构、迁移,我在作文批改中一改过去教师独自包揽的传统做法,下放权力,对学生参与作文互批互改进行了探索与实践。一段时间下来,效果良好。

让学生参与作文互批互改,首先必须做好思想沟通工作。据我跟学生接触了解,大多数学生写好作文不希望首先给同学看,而希望让老师过目,并得到老师的认可和评价。如果老师不批作文,又不做任何解释说明,而直接让学生自己批改,学生会很反感,甚至误以为老师不改作文,是偷懒,不负责任。其下一次作文便敷衍了事,消极怠工,甚至不写。这样,不利于师生的交流与合作,更不利于学生的写作能力培养。作文互批互改第一节课我就向学生提出一个问题:每次发下作文本,对老师批改的作文,你们"有"动于衷吗？大部分学生都能实话实说：最在乎老师给的分数或等级。于是，我就汤下面，给学生指出当前作文批改"教师高投入，学生低收效"的现状，并向学生讲清叶圣陶先生关于"作文教学要着重在培养学生自己改的能力"、"养成了自己改的能力，这是终身受用的"的道理，为作文互批互改的顺利进行奠定思想基础。从而让每位学生心悦诚服、积极主动地参与到互批互改的实践之中。

有了思想基础，接着教师就要谋划具体做法。首先，与学生在"面"上共同商讨作文评改标准，大致分为书写和标点、内容、结构、表达、语言、创意等几方面。标准的制定一定要细化，落实到"点"上，让学生可感可触。有了明确的标准，学生批改起来有据可依，操作起来就有了抓手。有必要指出的是，制定的标准是系统的，但每次批改一篇作文，都要兼顾、落实所有标准，这是不可能也是不必要的。切实有效的做法是，学生联系写作知识和自身的写作实践，熟悉、掌握整体批改标准，然后由浅入深，批、练结合。

掌握了批改标准，互批互改具体实施可采取循序渐进、灵活多样的形式：

一对一式。一开始，我把作文互批互改的重点放在一些浅层的问题方面。例如：一看文章格式是否正确、书写是否工整、标点符号使用正确与否；二看有无错别字、病句；三看审题准不准确，有没有跑题现象。四看结构有无条理。学生作文收上来后，老师对全班作文快速浏览，了解本次作文的基本情况，知晓优劣得失，并做好简要记录。不写批语，然后把好、中、差学生分散，让其分别一对一结成对子，互批互改。依据"四看"标准，用红笔分别根据实际情况一一写上批语，打上分数或等级，并签上批改者的姓名（防止有随随便便、不负责任的现象发生）。像这样的初始阶段的浅层次的批改，看似简单，实则不可或缺。一方面通过负担不重、浅显易行的实际操作，让学生消除批改作文的畏惧心理，尽快地进入批改角色；另一方面，让学生切实意识到字词句的正确、恰当运用，以及准确的审题、有条理的结构等是作文的基本功力，从而在今后的作文中引起足够的重视。

多对一式。是指全班同学同批一篇作文。在熟练掌握浅层次的批改方法后，作文写作宜配套以专项训练。比如，在记叙文的写作中，分专项训练叙述、抒情、描写表达方式的运用；在议论文写作中，分专项训练中心论点的提出、分论点的拟定、论据的运用、议论的深入、说理的形象性等等。这样，作文批改也随之每次增加一个专项训练项目，每次互评，除了继续遵循以上浅层次的批改标准外，根据写作专项训练再适时商讨制定相应的专项批改标准，让学生批改时突出重点，批改具有针对性。教师在浏览全班学生作文的基础上，选出一篇有代表性的文章，发放给每一位同学，在一定时间内要求学生完成批改任务。批改完成后，教师可提供一个批改的示例，让各小组参照比较，从中发现问题，找出差距。这种方式可以避免学生独自修改六神无主、信度不高的缺点，而且把评价的权力基本上都交给了学生，进一步增强了学生的主人翁意识，也让一部分学生体验到了成功的感觉。

　　四人小组式。随着批改重点的深入，难度的增加，批改需要团体合作、集体智慧。我尝试将学生分成组来批阅，一小组四人，每人批改四份，每小组的组合尽量考虑作文水平的差异和男女比例的合理搭配。为了让批改有的放矢，在浏览、了解全班学生作文基本情况基础上，我挑选出好、中、差三篇不同类型的作文，利用投影仪做示范批改，按照评改的要求一步步进行讲评，对不足的地方提出修改的方案。

　　照着老师的示范批改，四人小组每人背靠背批四份，按"面"上批改和专项批改要求背靠背在自己准备的小本上写下各自的批语，并打出相应的分数。随后四人合议，在批语上形成共识，打出四人的平均分。如小组中对批语有不同看法甚至意见分歧，成员间可以辩论，老师相机点评，促其达成一致意见。最后四人小组中选一位书写工整、美观的同学将"共识评语"及平均分誊写在相应的作文后。四位批改者签上各自的姓名。每组推荐一篇佳作。

　　对各组推荐的佳作，要趁热打铁，让学生上台宣读，并欣赏、点评。若受时间限制，而需要宣读、欣赏的精彩文章和片段又较多，课堂上来不及交流，可在教室后面开辟"佳作园地"专栏,在"园地"悬挂张贴佳作及精彩片段和批语。通过展示交流,极大地调动大多数写作者和批改者的积极性。

互改互批完的作文回到各自作者手上,学生查看小组互评的情况,并作相应的修改,最后写出作文后记。主要针对小组评改批语及自身参与批改作文的实践,谈谈自己的新认识、新感受。这种随感,不仅是一种互批互改小结,而且是一篇小作文。经常地及时总结,是学生写作水平自我提高的有效途径。

值得一提的是,在互批互改过程中,四人小组成员一经形成,不要固定不变,随着学生作文水平的不断变化及每次作文训练的特点,四人小组应常建常新。这样,可以避免长时间合作彼此间的审美疲劳,使不同组合的成员间在交流合作中碰撞出新的火花,有利于互相取长补短,获得新的合作体验。

作文批改,教师放弃"大包揽"式的传统做法,实现角色的转换,通过循序渐进、灵活多样的互批互改形式,真正把主动权下放给学生,其效果让人始料未及,其好处善莫大焉。

互批互改作文,最大限度地发挥学生的主动性和积极性,学生真正"动"了起来。他们全身心地投入,并用一种研究性的眼光去认真阅读、评改同学的作文,这一过程,实际上是一种交流、学习、思考的过程,也是一种提高的过程。长期坚持,可以培养学生自主性学习、研究性学习的习惯,为其终身学习奠定基础。

互批互改,学生给所批阅的文章写批语,这一过程,实际上就是运用写作知识对文章进行认真分析、鉴赏的过程,其间,能促进学生自我调节和转化,并对写作知识进行内化、整合、建构,学生把在批改中"悟"到的道理再迁移到自己的写作中去,就会大大提高自己的作文能力。在互批互改完命题作文《做生活的智者》后,一位同学在作文后记中这样写道:"议论文重在说理。以前写议论文,我不会议论,往往议论不了几句就'议'不下去了,名曰写议论文,实际写成了证明文。现在批阅同学的作文,我发现,好的议论不单有深刻的思想,而且还要辅之以有效的方法,比如,假设分析、因果分析、对比说理等方法就非常管用。现在写议论文我再也不怕'议论'了。"

与此同时,因为学生自尊心都很强,很爱面子,同学间的互批互改,如作文写得好,会让批改同学对其刮目相看;若是写得不好,担心会给同学留下不良印象。这样,学生写作文时就有了强大的求胜、求好的内驱力,作文时也就会更加认真对待,并力争拿出好作文亮相。有位女同学曾在作文后记中这样写道:"每当同学批改我的作文,我既有些紧张又充满期待。作文被同学推为佳作,读出来让全班同学欣赏,那种感觉真好!我悄悄地对自己说:加油,下次我还要拿出好作品。"互批互改,极大地增强了学生争强好胜和作文的精品意识,同时也使学生作文的热情空前高涨。

作文的互批互改,也让我们语文老师从"挖山不止"的"劳役"中解放出来,教师抽查翻阅学生批改的结果,不用耗费太多的精力在精批细改上,节省出大量的时间看学生的文章,了解学生在写作上存在的问题,思考如何去改正、克服。同时腾出的时间,好让自己及时"充电",去研究学生心理,研究教学方法,进一步提高教书育人的效率。毕竟,学生作文水平的提高,主要靠的是教师的思想水准和文字鉴赏水平、课堂调度能力以及循循善诱艺术,而这些"水准"、"能力"与"艺术",必须靠教师的不断学习才能提高。

当然,对学生互批过的作文,教师不能采取"放羊式"的方法而不闻不问,毕竟学生的写作能力、赏析能力、批改能力尚浅。所以,教师应在学生批改的基础上,参考学生的批语,再次视其具体情况而有选择地批改或纠偏。教师的批语应尊重学生的观点,多用鼓励性的语言,特别是对"写困生"和"改困生"要毫不吝啬地给予"精神红包"。不宜对学生的作文内容和批语作较大的改动,以防挫伤学生的写作、批改的积极性。

此外,"施教之功,贵在引导,重在转化,妙在开窍"。每次批改作文后,不能忽视总评,教师应及时精选一篇或几篇各种层次的文章与学生一起对照分析,体会其成功的地方和不足之处,使技巧训练更具体化,让学生从中受到启发而慢慢掌握标准。

夸美纽斯在《大教育论》中说："寻找一种方法，让教师尽量地少教，而使学生尽量地多学。"作文互批互改，化被动为主动，让学生"有"动于衷，从而改变传统的作文批改"高投入，低收效"的现状。互批互改，不只是形式的改革，更是观念的转变。教师跨过大"包揽"式的精批细改这道坎，作文批改不再只顾学生的作文，而是紧盯作文的学生。观念一变天地新。互批互改的探索与实践，倍感有益于写作和教学，可谓事半功倍。

（该文发表于《语文教学通讯》）

10. 广采百花酿成蜜

——让学生学会积累写作素材

在语文学习中,学生最怕写作文。一些学生一听到老师布置写作文就抓耳挠腮喊头疼,有的说没东西可写,有的说写不到要求的字数……真是提起作文好困惑。究其原因,主要在于平常积累的素材少,巧妇难为无米之炊。对此,作为语文教师,必须引导学生学会"找米下锅",主动积累写作素材,只有这样,学生作文才有"源头活水"。教学实践中,我主要尝试从以下几个方面来引导学生积累写作素材——

走进自然——撷英揽胜。诗圣杜甫有诗云:"造化钟神秀。"的确,大自然钟灵毓秀,集中了无数神奇美妙的东西,春花秋月、夏莲冬雪,馥郁的山谷、起伏的原野,这些无疑都会触发学生的灵感,撩拨他们的诗情。因此,除了学校组织的春游、秋游活动外,我常常引导学生在节假日,有目的地去亲近自然,走进自然。如让他们去观察公园一景,体会鸟语花香、巧夺天工给人带来的美感;甚至鼓动他们涉足郊区农村,去"零距离"感受瓜果飘香、硕果摇枝的喜悦。走出了"象牙之塔",融身大自然,学生捕捉到了丰富多彩的作文素材,一些学生作文时就会思维活跃,文思泉涌,从而写出了不少"鲜活"的文章。

观察生活——火眼金睛。车尔尼雪夫斯基说过:"美是生活。"是的,生活是美好的,生活中处处有美的闪光点。这些"闪光点"既能美化人的心灵,又能充实人的头脑,是学生作文的"源泉"。当然,生活犹如"万花筒",除了"真善美",同时也存在"假丑恶"。我常常告诉学生,"真善美"也好,"假丑恶"也罢,只要你善于观察、发现、捕捉,都可作为作文的素材,正所谓"生活处处皆文章"。在这方面,一些著名的作家已为我们树立了作文的榜样。如:朱自清的《荷塘月色》、《绿》、《背影》,叶圣陶的《景泰蓝的制作》,冰心的《小桔灯》等都是观察生活写出的名篇。因此,在课堂教学中,我结合课文内容,引导学生注意观察生活,做生活的有心人。从高一开始,我要求学生坚持写生活札记,写周记,内容包括校园、家庭、社会等方面,明确日常饮食起居、邻里亲情、迎来送往及邻里纠纷、市井吵闹、街谈巷议、商场一隅、都市风情、田园野趣、大院清晨、夕阳西下等均可成为写作的材料,同时告诉他们在观察各种人和事时,既看"热闹",又看"门道",学会透过现象看本质,细心体会个人的感受,写出个人的真情实感。结果有不少同学写出了生活气息浓郁、思想见地独到的好文章,并在校内外举行的作文竞赛中频频获奖。

关注媒体——为我所用。高一刚开始时,一些学生议论文惯用的论据不外乎都是陈景润、张海迪、居里夫人……写来写去,几乎是异口同声、老生常谈的"素材",这无疑使文章出不了新意,读起来味同嚼蜡。学生要写好议论文,没有素材是不行的。因此,我要求学生关注媒体、关心时事,平时多看、多听新闻,做到眼观六路,耳听八方,家事国事天下事,事事关心。如每天要求学生看《新闻联播》、《焦点访谈》等电视节目,勤听广播,并坚持阅读《中国青年报》、《青年报》、《中学生报》、《读者》、《新读写》等报刊,同时要求学生把报纸上、刊物上自己感兴趣的有感受的文章剪下来,制成剪贴本。一年下来,许多学生已拥有多本厚厚的剪贴本,形成了极其宝贵的作文"素材库",成为不可多得的作文好帮手。一些学生作文时往往信手拈来,"为时"、"为事"有感而发,不仅视野开阔,有血有肉,且写得别具风格。

立足课本——就地取材。由一篇篇课文组成的语文教科书,可谓是一本小小的百科全书,天文地理、古今中外、名人逸事、凡人琐事等都有涉及,其中不少内容均可作为写作的材料。教学中,我不时提示、引导学生对教材中的一些内容进行整理、归类，作文时便可采取"拿来主义"。譬如：《劝学》、《师说》、《最先与最后》、《毛遂自荐》、《垓下之围》等课文中的名句、名段及史实、典故，学生写作时就常常用到。这样围绕课文"就地取材"，阅读、作文两不误，可谓"一箭双雕"。

　　写作是语文教学的重要部分，毫不夸张地说，称得上是语文的"半壁江山"。而在写作教学中，提高学生的作文能力，积累素材举足轻重。学生写作离不开积累，没有积累而勉强为文，则成无源之水，无本之木。因此，在教学中，教师务必引导学生做一个有心人，同时采取切实有效的途径，让其"广采百花"，当然还要辅之以"酿蜜"的方法，那么，写作教学将会"柳暗花明"，学生为文也定会变"苦写"为"乐写"。

11. 由《你只有一个胃》
引出来的一堂写作课

一个学生拿着《读者》来找我,说是"卷首语"上的一篇文章她很喜欢。并说想积累其中的事例作为作文材料,但感觉文中人、事较多,不好下手。问我:像这样"人多事杂"的材料如何来概述?我让她先把《读者》留下,待我看了文章后再说。

这位学生拿来的是刚出版的 2010 年第 8 期的《读者》。"卷首语"文章现引用如下:

你只有一个胃

马晓伟

每年"股神"巴菲特都举办"与巴菲特共进午餐"的活动。这一吸引眼球的盛事,理所当然地会被众媒体争相报道。餐会结束一个月后,将评出一篇最佳报道。届时,巴菲特将亲自为获胜者颁奖。

这天,史密斯与沃伦斯基牛排馆被围了个水泄不通。菜肴一一呈上来了,果真是一场美味绝伦的盛宴……3 个小时后,餐会结束。接下来,关于午餐的新闻满天飞,但都写得千篇一律,无非是渲染餐厅是多么美轮美奂,菜品是怎样烹龙炮凤,用餐的人是如何奢侈高贵……

可想而知,这些都落选了。脱颖而出的是篇不足两百字的小稿子。作者名叫艾格伊,供职于曼哈顿一家地方小报。他只字未提巴菲特,而是把目

守望语文课堂

光投向了一名流浪汉：

史密斯与沃伦斯基牛排馆被围了个水泄不通，我实在挤不进去。正准备打退堂鼓，忽然看到一名流浪汉，他衣衫褴褛，却怡然自得。此时，他正在餐馆外的垃圾桶里翻拣食物。突然他一阵欣喜，显然，他发现"战利品"了！大快朵颐之后，他抚着鼓囊囊的肚子，打着饱嗝，自言自语地嘟囔着："过期的三明治和沙拉酱，也照样能把肚子填饱。"

巴菲特说，是文章的最后一句话打动了他。接下来，他把奖杯颁给了艾格伊。回家途中，艾格伊发现奖杯底下有这样一些字：对一个人来说，生理需求是非常容易满足的，而永远都填不满的，是无边的贪欲。其实，人生在世，所需无多。因为，你只有一个胃。

文章确实耐人寻味。对于高一的学生来说，这位女生提出的"问题"也确实是问题。一番思考后，我立马找到该学生，告诉她："你提的问题很有价值。不过请耐心地等待一下，我准备明天就你提的问题给全班上堂写作课。"她欣喜地答道："那好啊。"

第二天的写作课开始了。我板书课题：如何概述"人多事杂"的材料中的事例——以《你只有一个胃》为例。接着，我向全班说明：课题中的问题是我们班喜欢课外阅读的徐于萍同学提出来的。今天这节课，我们一起来帮她解决这个问题。

我把事先打印好的《你只有一个胃》一文发给学生让其阅读。学生阅读完了，我请他们围绕徐于萍提出的问题出谋划策。学生思考，较长时间地沉默，感觉有困难。于是，我让学生相互讨论，但一时不能达成共识。该我出手点拨了。为了直观明了，下面，我摘引了课堂实录片段：

师：虽然文中人较多，事也杂，但我们的思路不能乱。我建议大家先对文中涉及到的"人"和"事"梳理梳理。顺着短文，看看文中涉及哪些人？

生1："股神"巴菲特。

生2：记者。不对，应该是许多记者。

师：那就叫"众记者"吧。

生3：一名小报记者——艾格伊。

生4：还有一位流浪汉。

师：还有吗？

生：没有了。

师：好。我们再来理一理文中的"事"。按写作的顺序，文中发生的事有……

生5：巴菲特举行共进午餐盛宴。

生6：众记者采访报道午餐盛宴。

生7：记者艾格伊发现、报道一位拣吃过期食物的流浪汉。

生8：流浪汉"美味"垃圾桶里的过期食物。

生9：巴菲特为报道流浪汉的记者艾格伊颁发奖杯，并在杯底题字。

师：还有"事"吗？

生：没有了。

（学生在纷纷发表意见，教师迅速形成如下板书）

"人"和"事"｛巴菲特举行盛宴
众记者采访盛宴
艾格伊报道一流浪汉
流浪汉"美味"过期食物
巴菲特为艾格伊颁发奖杯
巴菲特为奖杯题字

经过梳理文中的"人"和"事"，对徐于萍提出的"如何概述'人多事杂'的材料中的事例"问题，学生顿有所悟，他们纷纷说：可以从梳理出的某一件事来"下手"。

解决了切入点的问题，但对于具体的一件事，学生会不会概述？这是本节课要解决的主要问题。我让学生先选取文中自己最感兴趣的一件事来概述。学生在静静地写，我有目的地巡视。果然我意料中的问题出现了。我

守望语文课堂

有针对性地挑选了三个代表,请他们分别把自己的"概述"板书到黑板上,内容分别如下:

张德龙:记者艾格伊挤不进餐厅,正准备离开时,他发现一个流浪汉正在一只垃圾桶里欣喜地翻拣着过期的三明治,并用它填饱了自己的肚子,然后很满足地离开了。于是,艾格伊将此事写成了一篇不足200字的小稿并获奖。

刘 迪:"股神"巴菲特举办午餐盛宴。餐厅外,一位衣衫褴褛的流浪汉正在垃圾桶里兴奋地翻拣着过期的食物,然后他怡然自得地"美味"起他的"战利品",一边吃着,一边嘟囔着:"过期的三明治和沙拉酱,照样能把肚子填饱。"

陈寒沁:巴菲特在给艾格伊的奖杯底题了这样的字:对一个人来说,生理需求是非常容易满足的,而永远都填不饱的是无边的贪欲。巴菲特的题字告诉人们:做人不要贪得无厌。生活中,诱惑无处不在,关键是要学会拒绝。

三位学生板书完了,我请全班学生来评议谁的"概述"好。有的说张德龙、陈寒沁的"概述"较简洁,有的说刘迪写得很生动……全班七嘴八舌,一时意见不能统一。我说:判断谁的"概述"好,得有个"标准"。于是,我和学生一起讨论,形成如下共识:

其一,概述要"概"。即概述要简洁,但简洁不能简单。应把事情交代清楚,不能让读者一头雾水。

其二,概述要"述"。即要叙述,不要描述。要去掉材料中的描写及比喻、夸张等形象修辞成分,用自己的话来叙述。

其三,概述还要"悟"。要将事情中隐藏的东西挖掘出来,即把自己的感悟写出来。

我和学生边讨论边写,于是形成了如下板书:

概述事例 { 要"概":简洁不简单
要"述":叙述不描述
要"悟":挖掘有发现 }

对照板书,学生争先恐后,纷纷对三位同学的"概述"说长道短:

生1:陈寒沁概述事例后有思考,有感悟,很好。

生2：张德龙和陈寒沁的概述虽简洁，但把事情发生的背景或因果没交代清楚。如果读者没读过原文，会"丈二和尚摸不着头脑"。

生3：刘迪写流浪汉拣吃过期食物，是在描述而非概述。

……

学生说完了，然后全班一起修改三位同学的"概述"。修改后的内容如下：

张德龙："股神"巴菲特举办"与巴菲特共进午餐"盛宴，众媒体争相采访，而记者艾格伊却把目光投向了餐厅外在垃圾桶里欣喜地拣吃三明治的流浪汉，并用一篇不足200字的小稿对其进行了报道。结果，艾格伊获得了巴菲特颁发的奖杯。艾格伊之所以获奖，是因为他独具慧眼，善于发现，善于思考，人云他不云。

刘　迪：在"股神"巴菲特举办的午餐盛宴餐厅外，一位衣衫褴褛的流浪汉却怡然自得地吃着自己从垃圾桶里拣来的过期食物。从这位流浪汉的身上，我们悟出了：物质生活可以很简单。人关键要知足，知足才能常乐。

陈寒沁："股神"巴菲特曾给报道了一位知足的流浪汉的记者艾格伊颁发了奖杯，并在奖杯底题了字：对一个人来说，生理需求是非常容易满足的，而永远都填不饱的是无边的贪欲。巴菲特的题字告诉人们：做人不要贪得无厌。生活中，诱惑无处不在，关键是要学会拒绝。

修改好了三位同学的"概述"，学生开始修改各自的"概述"。最后，我要求学生：把集体及个人修改的事例概述，分别放进自己的"写作素材库"。并告诉学生：今后写作议论文时，如果文章的中心与上述概述事例后的感悟相同或相近时，就可以运用这些事例来作论据了。

这节写作课上下来，学生的课堂表现让我始料未及。面对兴味盎然的学生，我不禁心生感慨：

其一，语文教师要做有心人，要善于捕捉生活中鲜活的、有价值的写作训练资源。生活像大海，随时腾起细浪。这些细浪就是一些细节，乍一看不起眼,但是把握住了,恰当地引导学生及时地进行训练,效果就会出奇的好。本堂课缘自学生之"问",这种来自生活的"生成性"的写作训练,与来自教师的"计划内"的写作训练相比,学生对前者往往产生浓厚的兴趣,表现出极高的热情。这堂课后,常见一些学生拿着报刊杂志等,就自己感兴趣的文章或话题与我展开讨论,学生的读写热情空前高涨。

其二,写作教学重在学生写作过程的指导。本堂课,我的教学重点是让学生学会如何概述事例。但材料——《你只有一个胃》中涉及的人较多,事较杂,对高一的学生来说,有无从下手的困惑。要概述其中的事例,必先解决"下手"问题。所以,上课伊始,在学生陷入困境后,我适时点拨学生先对文中的"人"和"事"进行梳理。经过梳理,学生顿悟,走出了"下手"困境,顺利进入到概述事例训练环节。

其三,写作训练要让学生在"摸爬滚打"中寻得"抓手"。写作无定法,但毕竟有法。学生掌握了有效的方法,那么写作教学就会达到"教是为了不教"的理想境界。但具体的"法",教师不能直接"硬"给,而要引领学生身体力行去"习"得。本堂课,进入概述事例环节,我先让学生"原生态"地概述事例。随后,针对学生的书面"概述",我和学生一起总结出"概述事例"的三点基本要求,即:概述要"概",简洁不简单;概述要"述",叙述不描述;概述还要"悟",挖掘有发现。这些"抓手",从实践中得来,学生感到亲切,用起来自然顺手。这从课上集体和个人"概述"修改的作业中得到了印证。

其四,要让学生在生活中学会发现、学会思考,语文教师喊破嗓子,不如做出样子。本堂课上,当有学生赞叹记者艾格伊善于发现、善于思考时,班上一些快言快语的学生竟情不自禁地当众给我送上了"精神红包":"老师,我看您也像艾格伊会发现、会思考耶。你看,徐于萍问了一个问题,您却给我们上了一节写作课……"。学生的话语,让我的心头热乎乎的。没想到我的所谓的"发现"、"思考",加上这堂写作课的教学行为,竟然对学生产生了点"润物细无声"的效果。

(该文发表于《普陀教育》)

考试检测

12. 多一点"二锅头"
　　少一点"碧螺春"

——2009年上海高考作文阅卷所见所思

2009年6月中旬,我有幸参加了上海市高考作文阅卷工作。下面,我就这次阅卷情况及心得从五个方面作一总结。

试题解读

2009年上海高考作文材料:

根据以下材料,选取一个角度,自拟题目,写一篇不少于800字的文章(诗歌除外)。

郑板桥的书法,用隶书参以行楷,非隶非楷,非古非今,俗称"板桥体"。他的作品,单个字形看似歪歪斜斜,但总体感觉错落有致,别有韵味。有人说这种作品"不可无一,不可有二"。

对于这一材料,我们可以多角度地进行解读:请看材料中的三句话:

第一句话:"郑板桥的书法,用隶书参以行楷,非隶非楷,非古非今,俗称'板桥体'"。从第一句话可以提炼出的观点有:借鉴与创新;创新源自嫁接,活力来自兼容。

第二句话:"他的作品,单个字形看似歪歪斜斜,但总体感觉错落有致,别有韵味。"从第二句话可以提炼出的观点有:个体与整体;局部与整体;整体大于局部之和。

第三句话:"有人说这种作品'不可无一,不可有二'"。从这一句话可以提炼出观点:个性与独创;也可以直接从"不可无一,不可有二"的角度来拟题:如果没有郑板桥的创新给书法艺术带来独特的"板桥体",对整个艺术天地来说是一种遗憾。别人如果"师其迹"而未能"师其心",书家自身的独特性就会因此而丧失。考生可以通过认识"创新意识"的重要作用和培养"创新意识"的必要性来展开文章。

其实,写作的角度,远不止以上列出的几种,它可以引发我们许多的联想和思考。这则材料给人的启示是多方面的,既涉及开放和保守、传承和创新、循古与通变等概念的思辨,也涉及对文化、政治、经济等诸多现实问题的思考,有着普遍的借鉴意义。

评分标准

与往年相比有所不同。以往的高考作文题在阅卷前大都要制定统一评分标准,并要求每位老师吃透评分标准,依据该标准来打分。由于今年是材料作文,这则材料给每个人的启示是多方面的,今年作文评分不设统一"标准答案"。评分标准是多元化的,没有固定的题意和中心,鼓励各种文风并存,考生写的内容只要跟材料有关,立意清楚,有自己鲜明的观点,言之有据就能得到满意的分数。

今年没有满分作文,但考生总体表现好于去年,一、二类卷的高分作文较往年多,一类卷(63——70分)约300篇左右,获评二类卷(52——62分)的作文数量也较往年明显上升。全市作文平均近49分。

阅卷"花絮"

花絮之一：满分作文终改判。

一篇题为《和而不同的中国智慧》的作文（该文附后），试评时，中心组定为满分70分，后经多方斟酌，改判为67分。

这篇文章借鉴谈话式，叙议结合，言谈不凡，有文化底蕴，有哲思，且书写漂亮。明显不足的是标题一般，大而适当。

花絮之二：深沉玩到标题上。

阅卷中，给我印象最深的是有一些考生所拟的题目叫"无题"。一看"无题"这个题目，我只能遗憾这些考生极没有经验，考场作文拟题宜用论点式，明明白白我的心，好让老师一目了然你的见解、观点。"无题"式的藏着、掖着，让阅卷老师在有限的时间里费力地到文中去找你的观点，这是很不明智的。

花絮之三：无视材料另起灶。

这类作文既不是从所给材料引发出来的内容，也不是对原材料进行开拓，而是自说自话，另起炉灶。如：有一考生写"成功与失败"，与原材料完全不搭界，结果落到四类卷，得了31分；另有考生采用了"套题"手法，将事先准备好的文章不分青红皂白地搬上考卷。比如，今年上海市各区"二模"考试，某区作文题是有关"半的艺术"，结果有考生抓住此次材料中"总体感觉错落有致"这句话，生硬地将曾经写过的东西改头换尾抄了上去。还有的考生将此前全市作文水平抽样调查中做过的《水的联想》"套"了进来。结果，这些作文均被判为四类卷，分别得了28分、23分。

花絮之四：话说过头不思量。

这样的考生说过头话，一味地绝对化，遭到阅卷老师的质疑。如：一篇题为《巨人的力量》作文，考生在文中这样写道："我们可以没有姚明，可以没有刘翔，但我们不能没有鲁迅，因为没有他，就没有我们的现在……"考生说过头话，由此可见一斑。其得分也就可想而知了。

　　花絮之五：理解偏狭套近乎。

　　如：一位考生在文中这样理解材料中的"独一无二"："有一个独一无二的苹果，有一个独一无二的牛顿，独一无二的苹果，掉到独一无二的牛顿的头上……"这样的理解，让阅卷老师哭笑不得。文章最后，考生又说："世界是独一无二的，牛顿是独一无二的，我是独一无二的"，然后，考生问阅卷老师："你呢？"接着自己回答："你也是独一无二的！"以此与阅卷老师套近乎。如此对"独一无二"偏狭、肤浅的理解，即使与阅卷老师套近乎也无济于事。

　　花絮之六：分析软骨欠严谨。

　　阅卷中，我发现一些考生的作文只见观点，不见事理支撑，思维不缜密，逻辑不严密。分析能力，是写好一篇文章的基本能力，高三学生，理应具备较强的分析能力。检验一篇高考作文的优劣，标准固然很多，但最基本的，还是要看考生对论题的分析是否透彻；对问题的解剖是否具体；对观点的论述是否独到……总之，就是要看考生是否具有敏锐的分析眼光和分析能力。事实证明，一些入档低的作文，往往就是分析不准、不透、不新所致。凡是高考一类卷作文，都体现了较高的分析水平。阅卷现场，一篇题为"传承与创新"的作文（该文附后），其独到的眼力，精准的分析，让阅卷老师们自愧弗如，感叹"后生可畏"。最终该文获得了 68 分的高分。

　　花絮之七：字数不够废话凑。

　　高考作文有字数规定，少于 400 字，即被打入四类卷。一些认识肤浅、缺乏思想的考生往往规定的 800 字难以写够，于是他们就使出一些招数，或克隆材料，先"引用"一遍材料，再"解释"一遍材料，来来回回地重复；还有的考生不加思考，胡乱引用道听途说的搞笑材料，画蛇添足，纯属点缀。如一位考生谈创新，文中引用了周立波、小沈阳两个人的事例，事例完了之后，分析不下去，于是这位考生就来了一个比喻，写道："周立波是消化系统，小沈阳是排泄系统"，紧接着后面就围绕着"两个系统"写了一大段的废话。这样一来，表面上字数是够了，但实质上分数也缩水了。

阅卷心得

之一：立意要明确。

高考作文，要多一点"二锅头"，少一点"碧螺春"。何谓"二锅头"？它是我国北方的一种烈性酒，一口下去，两眼冒火，浑身发热。何谓"碧螺春"？此茶需要慢慢地品味，快喝猛喝是喝不出滋味来的。

也就是说，高考作文评卷速度快，为防止阅卷老师误判失分，考生作文的立意，不宜玩深沉。赞成什么，反对什么，决不能模棱两可，含糊其辞。高考作文必须有很强的"视觉冲击力"，以让阅卷老师在瞬间被它吸引，被它打动。立意"犹抱琵琶半遮面"，千呼万唤不出来，太曲折，太含蓄，是高考作文的大忌。换句话说，就是入题要快，中心要明。

之二：标题要靓丽。

常言道："题好一半文"，"人靠衣装，文靠题装"。可见题目之重要。对于高考作文，首先跃入阅卷者眼中的是文题，好的题目会让评卷者眼睛为之一亮，顿生好感。在阅卷过程中，我们看到了许多拟得漂亮的文题，如："好似竹石缝中出"、"满架蔷薇一院香"、"风景这边独好"、"不以一眚掩大德"等等，这些题目，或意境优美，或运用修辞，或引用、化用名言名句等，因此得到了阅卷老师的青睐。题目的好与否直接影响到阅卷老师对文章的评分。另外，高考作文评分细则规定：不拟文题扣 2 分，拟题不当酌情扣分。实际上，如果不拟题或拟题不当，其隐性失分绝对不止一两分。

之三：语言不朦胧。

考场作文不同于文学创作。文学作品讲究"文贵曲"，即立意要含蓄，语言要含蓄；考场作文要求"文贵明"，即立意要鲜明，语言要明白。

考场作文的语言当然要"美"，但为了"美而美"，光想着展示文采，写得隐约朦胧云遮雾罩，你自我感觉写得好，对不起，阅卷老师看不懂。

阅卷机制对我们提出的要求是，要教会学生写人人都不会看走眼的文章,所以一切含蓄朦胧、剑走偏锋的作文都是不可取的。

之四:结构要清晰。

什么样的结构是好的结构?

好的结构,既能展示考生清晰的思路,又能提高老师阅卷的速度。好的结构还应该伸缩自由,驾驭自如。

结构要板块清晰,一目了然,不能信马由缰,杂乱无章。阅卷老师在高速阅读的情况下,希望能在很短的时间内看清作者的思路,看清全文的布局安排;阅读一个段落,要能迅速看出这一段写什么,段和段之间是否界限分明。如果看不清段和段之间的联系,不可能打高分。

之五:文体要鲜明。

高考作文对文体没有限制,但不等于不要文体,考生一旦选定了某种文体,就要显示出这种文体的特点,即写什么像什么,不能写成非驴非马"四不像"。

高考作文最忌文体"大拼盘"。如果是记叙文,文中的议论即是画龙点睛;如果是议论文,其中的论据就应简明扼要。不能"议论不够记叙补,记叙不够寓言凑"。

之六:选材有价值。

有时代感的鲜活材料更吸引人,能准确说明主旨的材料才有价值。一般情况下,看到一个题目以后,不假思索就能想到的素材不要写,稍加思考也能想到的相关素材也不要写,要写就写经过三思后才想到的素材。这样才不会出现与其他考生选材撞车的现象。今年的高考作文中,人气指数最高的是周立波和小沈阳两位明星。大部分考生不约而同地选用了他们俩的事例,其中虽不乏优秀之作,但毕竟选的人一多,千人一面,千篇一律,阅卷老师也难免产生审美疲劳。因此,考生选材要"三思而后写"。

之七:杜绝错别字。

一直有人在呼吁,高考作文错别字要扣分,今年终于动真格了。作文中错别字一个扣1分,扣完3分为止。作文阅卷中,严格执行了这个规定,阅卷老师给错别字扣分,一点也不手软。值得注意的是,虽然每个错别字扣1分,但其隐性失分不可估量。所以,今后在语文教学中,发现学生写错别字,我们语文老师决不能心慈手软,更不能听之任之。

特别提醒

其一:注重课内,以课本为本。

注重课内,主要是注重课内文章的阅读理解和素材的积累。今年的材料作文,对所给的材料,一些考生抱怨难理解,甚至看不懂。表面上看是题目出难了,实质上是自己的阅读理解能力有所欠缺。而阅读理解能力的提升的主要途径是靠平时对课文的学习、钻研。至于作文的素材,一些学生一写作文就说没东西写,实际上语文课本就是一个素材库。如课本中的一些文化名人、诗词歌赋、艺术经典等,都是作文的好材料。在阅卷过程中,我发现一些课文学得扎实的学生,引用课内的素材,得心应手,既恰当又准确,这样的作文同样受到了阅卷老师的青睐。

其二:中学生两耳要闻窗外事。

从阅卷情况来看,学生的作文有一个"通病":信息量少,材料陈旧,文章老气横秋。

高考作文要求学生关注生活、关注社会、关注人生,乃至关注全人类共同关心的问题,在"胸揽全局"的基础上,能从一个小的角度切入,把文章写实、写深。中学生两耳需闻窗外事,那么该怎样去关注"窗外事",丰富自己的头脑呢?可以通过报纸、电视、网络等途径收集信息,关心时政,更重要的是从大量的信息中筛选出"热点"。所谓"热点"也就是社会上一段时间内引起反响的事件,可以把"热点"作为写作论证的素材,也可以通过写随笔的方式对"热点"作深入思考。

附：2009年上海高考考场作文两篇

和而不同的中国智慧(67分)

在博物馆书法展馆中,我被那些极具气韵的展品镇住了,一时间有些不知所措。突然间一幅作品映入眼帘,它单个字看似歪歪斜斜,但总体却别存味道,形神俱佳。我有些看呆了。

"那是郑燮的字。"一个沉沉的声音。我转过头去,是一个笑眯眯的老爷爷。

我不禁感叹道:"这字太美了,虽然不似柳体欧体的正统,但不妨碍他独特而一体的美,真不愧为扬州八怪之首郑燮之作。"

老人笑了起来:"这就是中国和而不同的大智慧啊,单是从一幅小小的书法便可看出。每个字歪歪斜斜,似乎并不美观,但将其融为一体,却是有极强的包涵一切、蕴藏万物的能量。"

"这是一种具体意义上的大同,即容纳一切不相同的和吧。"我说道,"这种和不是强制所有事物的同一,反倒是各美其美,美人所美。"

老人点点头,指着面前一幅作品:"你看,板桥的字,用隶书参以行楷,非隶非楷。中华智慧又何尝不是如此。它从没有具体的范式,没有统一的要求,古人将他们的智慧,放开于我们面前,任由我们一窥其所有,将各种文化、各种元素吸收并存于其中,最终臻于一种和的境界。看看你眼前每一幅传世佳作吧。每一幅都拥有其特殊的韵味,即使如板桥这般非隶非楷、非古非今,也是脱胎于最本原的精神。"他突然停下笑笑,"大概从仓颉造字起就赋予了这种能量吧。"

我思索着,说道:"君子和而不同,小人同而不和。一个人应该也是如此吧。只要获得和的力量,才能如此地将个性极强的字,幻化为一体。和而不同,就意味着存在不同。不,必须是不同,只有如此,才能不刚愎自用,局限于自己狭小的空间内,看不到一切,也没有气度看到感受这一切。"

"所以有人说郑板桥的书法是不可无一,也不可有二的。"老人回答道,"他便是那个唯一,便是那个不同。你看看那些大家的字,金农、八大山人、张旭,狂放与收敛并存,刚健与阴柔并存,看似如此个性鲜明,但他们同是书法史上一个个脚印,一脉相承。中国文化有其独有的气度包容着这些匠心独具的存在。"

"和而不同,我从没如此认真地思考过这样一幅字画所藏有的智慧。"我感慨道。

老人拍拍我的肩:"中华智慧从来不是什么虚幻的东西,它早已渗入每一个具象之中了。你好好看看。"

我沉浸于那黑与白的交替之中。当回过神时,转头再寻,老人已不见踪影。

传承与创新(68分)

"板桥体"单个字形看似歪歪斜斜,但总体感觉错落有致,别有韵味。如果有人因此而羡慕郑板桥的成就,想借模仿他的风格来出名,那么他必定会走入一条死胡同。因为有人说,这种作品"不可无一,不可有二"。说"不可无一",是肯定了"板桥体"独特的艺术价值和不朽的艺术地位;说"不可有二",则揭示了艺术创作中的真理。正如贾平凹在信中对小妹所说的:"对于大师,你只能学习,不能效仿。"

"板桥体"与"扬州八怪"的其他艺术风格的诞生,有其独特的历史背景和意义。在那个压制人才发展、摧残人才天性的清王朝,"扬州八怪"用一种不合乎世俗审美标准的艺术风格,表达自己的人格理想、高尚情操,是对自由的追求,也是对于权贵的蔑视和抗争。可以说,"板桥体"的"非隶非楷,非古非今"是挣脱束缚、思想和心灵获得自由的象征,这也便是郑板桥作品的韵味所在。后人如果模仿"板桥体",只能有其形而无其神,这样的作品,当然"不可有二"。

然而,许多人并不信奉这个原则。当文学与时尚产生了关联,似乎文学创作也能产业化发展,作家也能按一个模子批量生产了。书店里,占据"畅销书架"的一会儿是校园青春小说,一会儿是悬疑小说,一会儿又是通俗哲理,花样总在翻新,却大都千篇一律。那些书虽畅销一时,不久却被遗忘在角落,蒙上尘埃,挂上蛛网。马克思说过:"所有的价值最终都只剩下时间,时间会滤去所有跟风的作品,最终只留下一部或几部体现时代精神,关注人类和人生的作品。"

这么说,我们是否就不要学习他人的作品了呢?当然不是。哪些浮浅的跟风之作,正是因为对文化艺术传承、研究不够,才会画虎不成反类犬,落于俗套。因此,传承是文化生存和发展的基础,创新则为它注入源源不断的活力。

不仅艺术创作如此,生活和生产实践中的许多方面都要传承和创新并重。改革开放后,我国与外界的科技、文化等交流频繁,汲取了不少成功的经验,尝到甜头。但是现在,我国的创新实力却比较薄弱。前几日的《文汇报》上说,上海的服务业管理照搬制造业管理模式,阻碍了服务业起舞。在此,制造业管理模式也是"不可无一,不可有二"的吧。有变通与创新,才有突破。

不论从事什么行业,我们都要广泛学习他人的成功经验并充分认识自身特点,选择正确的发展方向,勇于创新。传承与创新并重,是科技和文艺等发展的根源。

13. 心中有谱　答题有序

——高考现代文阅读词句含义及句段作用题解答要领

高考现代文阅读中,常见"说说这个词语(句子)的意思"、"某某一词(句子)的含义是什么"、"这个句子(或段)在构思上的作用"这一类题型。这类题许多考生往往做起来没多大把握,改出来没多少分数,一些考生甚至不明白自己为什么会失分。词句含义题几乎是每一份考卷都会出现的题型,做这一类题目,我们不能只凭感觉走,更不能脚踩西瓜皮,滑到哪算哪。我们应该推敲命题人出题意图,并在分析研究的基础上建立合理的答题步骤,即做到心中有谱,答题有序,这样才能在这类题上获得令人满意的分数。

做到心中有谱,我们须明白:试卷中用来考查的词语、句子是非常有限的。一篇高考现代文一般在1 200～1 500字之间,如果粗略地估算一下,词语大概有600个左右,句子约摸有100句左右。我们审视这些词语和句子,就会发现其中绝大多数的词语和句子是不会考到的。那么,哪些词语与句子是命题人所关注的呢?

首先,命题人关注的词语有:(1)体现作者立场观点,或表现文章主题思想的重要词语。如:2008年上海秋季高考第2题:第③段"近年来有不少公认的败笔"一句中"败笔"的意思是_____;(2)有深层含义的词语,或在具体语境中有引申义的词语。如:2005年上海秋季高考(《回望昨日的忧伤》)第7题:第①段里"体无完肤"在文中的含义是_____;(3)比喻等特殊词语。

如：2004年上海春季高考题："拨开遮掩月光的密叶，使'碎影'成为普照的清辉"，这一比喻中"密叶"的含义是_____；(4)对文章结构起照应、连接等作用的词语(关联词、指代词等)。如：2005年上海春季高考题：上文第⑤段画线句中的"那一个时刻"是指_____。

其次，命题人关注的句子有：(1)表现作品主题思想的中心句。如：2004年上海春季高考(《想北平》)题：文章以"要落泪了，真想念北平呀"收笔，这一笔好在哪里？(2)体现作品脉络层次的结构句：总起句、总结句、过渡句。如：2004年上海秋季高考(《我看舞蹈的美》)第12题：第④段中最能体现该段大意的句子是_____；(3)内涵丰富的句子。如2004年上海春季高考(《想北平》)题：第②段中，作者说"每一小的事件中有个我，我的每一思念中有个北平"，这句话的含义是(用文中的话回答)_____；(4)修辞佳句：运用比喻、比拟、夸张、借代、通感等修辞手法的美句。如：2007年上海秋季高考第8题：第⑤段中"杭州的天空都让树住了"这句话好在哪里？

做到心中有谱，我们还须区分不同题目的差异：回答词、句的意思这一类题目一般要回答的是浅层次的意思，只要表述清楚其意思就行了；词、句的含义题除了弄清楚其浅层次的意思，还要分析其深层的内涵，要讲出其词外、句外之意(即语境义)。特别一提的是，回答句子的含义这一类题目时，一是讲清楚它的意思，二是分析该句在它所处的最小意义层次里内容的作用，即对人物、事件等所表现出的作用；句子的作用可以从内容与结构两个方面考虑，内容上关注其含义，结构上分析其铺垫、伏笔、照应、过渡(承上启下)等作用。

胸中有了以上的"谱"，在答题时还要特别注意要有"序"。即思考、解答时要有步骤、得要领。下面主要就近年高考试题中词的含义题、句子(或段)在构思上的作用题分别作一例析。

2007年上海秋季高考卷第4题：第⑤段中"神话"在文中的含义是_____。

思考、解答步骤及要领：这道题是考查文中重要词语的含义。"神话"通常是关于神仙或神化的古代英雄的故事,或指荒诞的无稽之谈。在文本中找到"神话"一词,该词语出现在文章第⑤段开头部分:"有人以为'包豪斯'的成就在于创立了现代艺术教育和现代主义的设计风格。其实,创建者的目标,是要彻底摧毁传统的关于艺术的'神话',这是包豪斯理念中最具革命性的核心。包豪斯所尝试的,是把艺术从贵族和富人的高堂华厦中、从艺术的'神坛'上解放出来。"很显然,文中的"神话"不是通常意义上的"神话",我们应联系上下文,品味其语境意义。包豪斯理念中最具革命性的核心以及它的实践尝试,就是要将艺术解救出贵族和富人的高堂华厦,走向平民化。联系语境,可以理解"神话"在文中的含义是:(艺术)高高在上,玄虚而神秘,脱离普通百姓的生活,为贵族和富人专享。

　　句子(或段)在构思上的作用题仍以2007年上海秋季高考卷为例,其中第9题:第⑨段在构思上的作用是:(1)＿＿＿＿(2)＿＿＿＿

　　附第⑨段及其前后的第⑧、⑩两段内容:

　　⑧西湖的水,汇聚着千年的沧桑。西湖里叶叶扁舟,讲着悠远的、不尽的故事。西湖边的长街小巷里,藏着各朝各代太多的记忆。这里有梁祝、济公、白娘子,更有白居易、林逋、岳飞、文天祥、龚自珍、鲁迅。杭州城无处无典故,无处非景观。杭州的历史文化只有杭州的自然风景配得上,杭州的自然风景也只有杭州的历史文化配得上。

　　⑨清诗人袁牧有诗曰:"赖有岳于双少保,人间始觉重西湖"。

　　⑩"重西湖",因了岳飞、于谦,又不仅仅因为岳飞、于谦。还因为苏东坡。最重杭州的人,不是你,不是我,是杭太守苏东坡。山上的鸟都认识他,水里的鱼都认识他!他在杭州抒发情怀的诗就有400首!写西湖也没有人写得"欲把西湖比西子,淡妆浓抹总相宜"。据说诗人毛泽东多次到西湖,但没写过一首西湖诗。他说《饮湖上初晴后雨》写得太绝了,就"不敢造次"。

　　回答句子的作用这一类题目时,其思考、解答步骤及要领一般可从内容与结构等方面入手作分析。在结构上的作用分析,一要看该句(段)具体位置,二要看上下文内容与之形成怎样的关系。如该句(段)在段(篇)首,即考虑其总起作用;如在段(篇)尾,就考虑其总结或呼应作用;若在段(篇)中,则考虑其过渡即承上启下作用或铺垫、照应作用。上例第⑨段"清诗人袁牧有诗曰:'赖有岳于双少保,人间始觉重西湖'"在文章中间,属典型的过渡段,因此它在结构上的作用是承上启下。句(段)在内容上的作用分析,要联系写作重点和主旨。上题选文热情洋溢地赞美历史文化名城杭州,因了第⑨段引出了那里有优美的西湖诗篇、有令人仰之弥高的文化名人及民族精英等。因此,第⑨段在构思上的作用是:(1)结构上承上启下。(2)内容上引出杭州的人文景观(或引出全文的关键词"重西湖")。

总之,只要善于研究,现代文阅读如词句含义及句段作用一类常见题型是可以归纳出来的,只要勤于思考,其相应的应对策略和技巧也是完全可以总结出来。高考是知识加技能的考试,高考的现代文阅读同样如此。对于词句含义及句段作用一类常见题型,要有必要的知识储备,做到心中有谱,解答时掌握答题要领,施以恰当有序的步骤,并自觉地落实到平时的训练中,那么,高考现代文阅读就不再是老大难、没感觉,考试成绩羞羞答答。相反,阅读的效率、考试的分数我们自己就可以掌控了。

(该文发表于《语文报》高中版·上海专版)

14. 给学生作业"提提神"

——适应学生特点的多样作业形式的尝试

语文作业,想说爱你不容易;英语数理化作业,我的眼里只有你。面对学生作业态度的这种现状,我们语文老师往往处于尴尬的境地。如何引导学生正确对待作业,做好作业,使之学有所得,并乐在其中呢?教学中,我尝试打破传统的呆板的作业模式,针对学生特点,经常给学生作业换换样,提提神,注入活力,从而真正地让学生手动起来,脑动起来,口动起来。

课前的课文预习作业,对于大部分学生来说,往往形同虚设。为了改变这种状况,我尝试采用"学生提问式"和"学生备课式"作业形式。"学生提问式"作业,即让学生在预习课文时,各自提出自己的问题,问题多少依据课文内容确定保底的个数,上不封顶。学生上交的问题,我把它集中制成讲义,然后分发给学生,让他们互相评议谁提的问题数量多,谁提的问题质量高。记得在上史铁生的《合欢树》一文前,我采用学生提问的方式布置预习作业,课下学生预习异常认真,提出的问题无论是数量还是质量,都让我惊喜。有了充分的高质量的预习在前,上课时重点围绕学生的重点问题展开,这样的课,学生听得很投入,老师上得也很顺心。在随后的检测中,无论是该课内容还是该课的拓展内容,学生都掌握得不错。随着学习的渐渐深入,慢慢地我又尝试让学生自己备课、自己做老师讲课的方式让他们来预习、学习课文。上《邂逅霍金》这篇散文前,课余时间备课时,同学们一个个忙得不亦乐乎,查工具书的查工具书,上网查资料的查资料,偷偷地请教老师的请教老师。大家都生怕自己备课有疏漏之处,生怕自己上台做"老师"时被同学笑话。由于备课认真,全身心地投入,一些上台讲课的同学底气十足,有的还惟妙惟肖地模仿平时老师的一招一式,滔滔不绝,讲得有鼻子有眼。台下听课的同学个个精神抖擞,聚精会神,比平时听老师讲课来劲得多;有的不时地向台上的小"老师"提出问题,有的还及时纠正小"老师"出现的错误或不妥之处。台上台下互动频繁,气氛热烈和谐。让学生自己做"老师",为学生按质按量地完成作业和学习增添了动力,注入了活力。在这个过程中,学生学会了学习,学会了合作,学会了批判与思考,也学会了选择与放弃。同时在这个过程中,他们脑动、手动、口动,充分展示了自己,真正成为了学习的主人。

  文言文作业,学生往往怕。作业布置如果长期都是一个固定模式,而不去变变脸,换换花样,那么对学生,特别是对一些学习习惯比较差的学生,容易产生"审美疲劳",他们要么在作业的质上大打折扣,要么在作业的量上克斤少两,疲于应战,被动应付。为保证文言文学习、复习效果,我常常给学生布置这样的作业:针对学习内容,按照老师具体规定,每人各出一张试卷,并明确:谁出的试卷水平高,谁的试卷就作为全班同学的公共考卷。同时又告诉他们还有两种可能:可能是同学之间相互交换试卷考,也可能是自己考自己出的试卷。这样一来,学生对自己出考卷既特别在乎又非常感兴趣,大多数人摩拳擦掌,希望自己能出一份高质量的试卷而被老师选中,好在同学中间露一手。同时不要老师多说,他们心知肚明,要想考出好成绩,必须好好复习重难点,并对自己出的题要会答会做,此外还要书写工整。给我印象最深的是,在课上复习文言文《种树郭橐驼传》时,同学们前所未有的积极主动,认真对待,大多数同学出的试卷无论是质量还是书写,都让我始料未及。课堂上相互交换试卷考试,相互阅卷评分,有的同学之间为了某一问题,互相指手画脚,争得面红耳赤;对考得不好的学生,有的同学还板起脸孔,俨然一位严厉认真的"老师",在批评的同时,还耐心地帮他(她)讲解错在哪里,被"教育"的同学丝毫没有怨气,"乖乖"地接受小"老师"的批评,"乖乖"地纠正自己的错误。面对这样的热火朝天的场面,我窃喜不已。

语文作业,要说最怕,学生最怕写作文。但作文是语文教学的半壁河山,又怠慢不得。作文教学中,我尝试着改变老师布置题目、学生当场写就的传统方式,分前后两个时期分别训练学生"说"作文。前期主要是化整为零,如:教会学生恰当地叙述、描写、抒情,指导学生形象说理等。先教他们方法,再让他们当堂"说"作文。当然,喊破嗓子,不如做出样子。在引导学生"说"作文的初始阶段,老师要"下水"示范,带学生走一程。例如:在教学生学会形象说理时,我向学生介绍了情境设置法,即设置具体的人物在具体的情境中进行具体的活动,让读者从中获得启示,明白道理。为了让学生直观地掌握并会运用这种方法,我首先以"位置"为话题,自己下水示范"说"出片段作文,并用PPT展示给学生,其内容如下:"如果把这次期中考试看作是一次登山竞赛,竞赛结果,如果你只在离山脚不远,请不要气馁,失败乃兵家常事,关键是失败不失志;如果你身处半山腰,请你不要有比上不足比下有余之感,要知道,前有逃兵,后有追兵,关键要有危机意识;如果你已到达山顶,请你拽把白云当毛巾,擦把汗,告诫自己:山外有山,楼外有楼,强中还有强中手,关键要保持一个清醒的头脑。"对照我下水"说"出的作文,学生大多心领神会,心中有了方寸。很快学生也以"位置"为话题,当堂你追我赶地"说"出了各自的片段作文。学生"说"作文异常兴奋,与写作文相比,学生投入的热情要高很多。后期作文训练,我主要是让学生在动笔前说标题、说中心、说选材、说结构等。当然,"说"作文是为了更好地写作文,"说",激发了学生的作文兴趣,训练了学生的语言和思维能力,学生口灵了,手也就巧了,作文再也不那么可怕了。

知之者不如好之者,好之者不如乐之者。古希腊数学家阿基米德说:"给我一个支点,我可以撬动整个地球。"也许即使拥有一个支点,我们普通教师也不敢说能够撬动地球。但教学中,根据学生学习的现状和特点,布置作业打破固有模式,经常给学生作业换换样,提提神,注入一些活力和动力,

守望语文课堂

让学生不再那么讨厌作业。我想,只要肯思考,是每个教师都能做到的。当然,无论换什么样的作业形式,教师的精心设计和主导作用是不容忽视的。即使如上文所说的让学生自己出考卷、做老师、"说"作文,那也绝对不能让学生"海出"、"海做"、"海说"。学生是风筝,风筝飞得再高,遥控风筝的长线永远掌控在教师的手中。只有这样,我们才会事半功倍。

细思碎想

15. 把分数"借"给你

学校规定,学生期中考试成绩要与家长见面。按照规定,作为班主任的我及时将成绩手册一一发放到学生手中,让其带回家让家长过目,并让家长签名。

经家长过目、签名后的成绩手册收回来后,我便乘空闲在办公室里一一翻阅、检查。看着,看着,当翻开一个名叫小 X 的男同学成绩手册时,我发现,其家长除了签名外,还给我写了这样热情洋溢的留言:

"张老师,期中考试我的孩子理科成绩都有较大进步,作为家长,在此我向老师们道声:你们辛苦了,谢谢!"

咦?有没有搞错?期中考试小 X 的数学、物理两门课明明都挂了"红灯",怎么反说有进步呢?我不免在心里犯起了嘀咕。我的目光马上回到手册上小 X 的各科成绩上。不看不知道,这一看,我惊讶地发现,原来小 X 数学、物理两门课的"红灯"已不见了,取而代之的是数学、物理成绩都是 70 多分!直觉告诉我:小 X 私下涂改了自己的成绩!

小 X 成绩在班上处于中等。该生为人聪明、机灵,但自控能力较差,平时学习不够努力、勤奋。任课老师们都对其有"恨铁不成钢"的遗憾。平时不卖力,现在可好,居然干起了这种掩人耳目、为自己贴金的不诚信的事情来。一气之下,我恨不得马上把小 X 叫到跟前狠狠地批评他一顿。但经验和理智告诉我,老师面对学生的错误,在生气或缺少足够的心理准备时,批评往往会"走火",而学生的自尊心都很强,这样,还没有成熟的他们就会产

守望语文课堂

生逆反心理,甚至出现一些过激的言行。"心急吃不了热豆腐"。此事要批评、要教育,但一定要冷静,切不可急躁。我极力镇静自己,等到下课时,我便"若无其事"地把小X叫到自己的办公室。

"知道老师找你什么事吗?"

"不……不知道。"小X怯生生地,眼光在极力地回避我。

"这是怎么回事?"我将小X的成绩手册摊到他的面前。

"我,我……"小X的脸"刷"地一下红到了耳根,双手慌乱地揉搓着自己的衣角,欲言又止。

看着他面红耳赤、极度窘迫的模样,我平静地对他说:"这样吧,你现在可以不告诉我,先回去想想,什么时候想好了,再来找我,我随时在办公室等你。"

小X抬头看了看我,迟疑地退出了办公室。

那天,课间小X没来找我,下午放学后,小X仍然没来办公室找我。

第二天早晨上班,一到办公室,我意外地发现我的教本中间被人夹进了一封信。我连忙拆开信封,嗨,小X那熟悉的字体一下子映入了我的眼帘:

"张老师,请允许我通过这封信和你交流。手册上的分数是我涂改的,我错了……期中考试前,我的妈妈生病了,这次她病得很厉害,住进医院后医生不得不给她做了手术……期中考试,我的数学、物理考'砸'了,我害怕病中的妈妈看到我的成绩后为我伤心、生气,所以……老师,请原谅我一次吧,以后我再也不敢了……"

读着,读着,这一次我有点按捺不住了,连忙把小X从班上叫到办公室。

"你给我的信我看过了"。

"老师,我错了,您能原谅我吗?"

"我理解你。没想到,你是一位非常孝顺的孩子"。

小X没料到我会这样肯定他,理解他,他显得有些激动,于是他主动地对我说:

"老师,我现在就把手册上的成绩改过来"。

"不用改了,这次就当是你借老师的分数。不过,这有借就要有还啰,下次考试,你再还给我,好吗?"

"噢?行!"

小X爽快地答应了我,随即,他又一脸地顾虑:

"老师,那……那这件事你告诉我爸妈吗?"

"你放心,我不告诉你父母,为你保密。不过,你千万要记住:这是第一次,也是最后一次哦"。我既真诚,又严肃。

小X连连点头,眼睛仿佛湿润了,嘴里一个劲地说道:"谢谢老师,谢谢老师!"

自从那以后,小X在班级里就好像变了个人似的,学习比以前踏实、勤奋多了。期末考试,小X果然进步很大,数学、物理两门功课真的超额"还"了"借"我的分数。我打心眼里为小X高兴。喜不自禁的我"别出心裁"地为小X精心制作了一份"喜报",并写上热情的贺词,亲自登门将其送到了小X的家中。当我把大红"喜报"交到小X及其父母手中时,我欣喜地看到信誓旦旦的小X及其父母脸上"写"满了感激和笑容。

小X的"浪子回头",让我感慨万千。学生在成长的过程中犯错在所难免。但学生犯错,作为教书育人的教师不能简单、粗暴地对其"狂轰滥炸",甚至将其"一棍子打死",如果这样就会适得其反。教师应该想方设法予以"治病救人"。在转化的过程中,当然,"忠言逆耳利于行",批评、教育是必要的,但处在成长中的学生自尊心都特别强,他们都喜欢听"顺耳"之言,这就要求教师要有极大的耐心和宽容之心去"沙里淘金",仔细寻找学生的长处,因为即使错误再大、再多的学生,其身上也一定有其"闪光点"。教师要善于留心和发现学生身上的优点,并据此充分地予以肯定、赞扬,恰如其分、毫不吝啬地给学生以"精神红包"。这样,比起唠唠叨叨地说教或声色俱厉地指责、批评,学生更容易、更乐意接受,并迅速内化为自我教育的力量,从而达到事半功倍的效果。"精神红包"作用如此之大,我们做教师的就要慷慨、大度,做到"该出手时就出手"。

(该文发表于《上海教育》)

16. 沟通从"心"开始

"学生也好,家长也罢,'亲其师',才能'信其道'。教育学生,如果家长不配合,班主任孤掌难鸣"——这是我写在教育笔记中的一段话。在这背后,原来有这样一个故事:

学生小C是我班上一位我行我素的男生,他上课有"三多"——话多、小动作多、被老师批评多。为了规范小C的课堂纪律,我常常做其工作,但效果甚微。无奈,一次,我找小C谈话,准备将其座位由教室的中间位置调到前面第一排。谁知小C激烈地认为第一排的位置最差,"不是人坐的",坚决不同意调换。小C的偏激、自私让我始料未及。为了做通小C的工作,我主动与其母联系,谁知小C的母亲听说要让小C坐第一排,一下子火就大了。她质问我要把她儿子换到第一排是啥意思,第一排不仅对视力不好,而且又得天天要吃粉笔灰,这分明是老师厚此薄彼,对她儿子偏心。并说,慢说她儿子不愿意,就是她也坚决不同意儿子换到第一排……

面对这样的一个不讲道理、又很自私的家长,我的内心像是打翻了五味瓶,百感交集。然而,理智和责任告诉我:不能知难而退,更不能有"惹不起躲得起"的想法。于是,我决定尽自己所能走近那位家长,并帮其打开心结。我连夜赶到小C家,敲开小C的家门,只见小C的母亲脸上余怒未消,但她万万没想到我居然连夜上了她家的门。进门后,为了融洽气氛,我避谈小C的缺点和换座位一事,若无其事地同小C的母亲拉起家常来。从中得知,小

C的母亲在小C很小的时候就与其父离异,是其母一手把小C拉扯大。因此,其母恨死了其父,认为人都是靠不住的。于是生活中的小C的母亲刻意地表现出少有的自我强悍的性格,为的是不受别人欺负。小C的母亲把小C视作自己的唯一,她常常把这种思想灌输给小C,为的是让儿子以后不要在社会上吃亏……原来如此!耐心地倾听后,我对小C母亲寄予同情,但更多的是想帮她打开"心结",拨亮"心灯",离开误区。我诚恳地告诉小C的母亲:人心的壁垒垒得越高,遇人、遇事就会过于自我的朝坏处想。现实中,总是敌视他人的"孤家寡人",往往会失去许多生活的乐趣和进步的机会,这对于一个正在成长的孩子是非常不利也是极其危险的。比如,老师拟给小C换座位,不是老师有意给小C"穿小鞋",相反,正是针对小C上课纪律差的特点,把他放在老师的眼皮底下,让他在压力下提高听课的质量……小C的母亲虽然觉得我的话有道理,但不管怎么说也不愿让宝贝儿子坐在第一排"吃粉笔灰"。心急吃不了热豆腐。我思索,对小C这样的家长只能是慢慢来,"冷处理"。于是我耐心地告诉小C的母亲:小C的座位可以暂时不动,但换座位是为小C好,家长应该配合老师教育孩子遵守课堂纪律,把心思用在学习上。小C的母亲表示同意。

　　随后的一段时间里,小C上课时纪律有所好转,但时间不长又恢复到老样子。期中考试后,小C的成绩不进反退,周围的同学也先后找老师诉苦,说是小C上课经常讲话影响他们听课,纷纷要求座位远离小C。为此,我又一次走进了小C的家。我把小C期中考试情况及同学们对小C的不满委婉地告诉了其母。出乎意料,这次小C的母亲没有了像上次极端对立的情绪,她心平气和地对我说:"张老师,小C从小学到初中,从来没有老师来我家家访,你是第一个来我家的老师。上次你家访跟我说的话,事后我想了很多,你说的确实很对,我现在也在试图改变自己和对孩子的教育方式。只要是为着孩子好,我儿子的座位老师你说怎么换就怎么换吧……"

　　精诚所至,金石为开。真的没想到小C的母亲转变这么快。更让人高兴的是,事后小C主动找到我要求坐到第一排,表示准备接受老师的监督,

守望语文课堂

上课好好听讲。在随后的一次家长会上,我特别地表扬了小C的母亲理解、支持老师工作,从而促进了对孩子的教育转化工作。此后,小C的一点一滴进步,我都会及时向其母报喜,小C的母亲也与我更加亲近了,我们一起为小C的进步而高兴,一起为教育小C而交换想法和办法。小C母子的转变和进步,让我收获了成功的喜悦,更让我尝到了沟通从"心"开始的甜头。

17. 烫手的山芋也要接

一天傍晚，放学后，我刚一回到家就接到一个电话：

"喂，是张老师吗？"

"噢，我是"。

"我是你班上小Z的妈妈。今天早晨上学，我女儿骑自行车被别人撞伤了胳膊，你是班主任都不关心一下？如果换成是你班上学习好的小D被撞伤了，你关心不关心？"

"啪！"话音刚落，对方便气呼呼地挂断了电话。

如同冷不丁地被人打了一闷棍，我的脑中一片空白。随后，这位家长气势汹汹地质问声始终在耳边回响，我的心中久久难以平静……

小Z是我班的一位女同学。就在那天早上，平时上学不迟到的小Z迟到了。当我问她原因时，明显不开心的小Z低着头告诉我：上学路上自己骑自行车时被别人给撞倒了，所以迟到了。我紧张地问她伤着筋骨没有，小Z摇头说：没有，只是胳膊肘擦破了点皮。于是，我便让同学带她到校医室去涂了点消炎药水。

小Z只是伤了点皮肉，而且我也亲自过问了，然而她的母亲为什么在电话里大发雷霆呢？我一头雾水。但我想，这里面一定有蹊跷。于是我顾不得吃晚饭，决定到小Z家走一趟。

来到小Z家，从小Z母女俩的表情，我一眼就看出她们正在闹别扭，而

且闹得很僵。小Z的母亲没有想到我连夜赶到她家,现出惊讶又尴尬的神情:

"放学后,我发现女儿的手臂被摔破了,我心里一急,就埋怨了她几句,她可好,居然顶撞我……唉,这孩子越来越不听话了!"

小Z看着我,眼睛一红,泪水就像断线的珠子一个劲地滚下来:

"张老师,不是我叫我妈给你打电话的,我说我被车撞摔倒了,之后到了学校,老师亲口问过我,但我妈不相信,硬要说老师不关心我,是因为我学习成绩不好……平时,我妈也老是说谁谁怎么好怎么好,就是我这也不好,那也不好……"小Z越说越伤心,哽咽着有些说不下去了。

我的心里有些发酸,于是我一把将小Z搂进怀里,一边替小Z擦眼泪,一边对她说:"小Z,你是个诚实的孩子,听了你刚才所说的话,老师我感谢你把我当成了你的朋友。"停了停,我接着说:

"不过,老师今天要批评你的是,作为女儿,不管妈妈说的对还是不对,或者自己有想法甚至一时不能接受也好,你都要有礼有节地跟妈妈解释、沟通,切不能顶撞妈妈。像今天看到你被摔破了皮肉,妈妈埋怨你,是因为妈妈心疼你,你要理解妈妈哟。"

听了我的一番话,小Z用红红的眼睛看着我,然后,重重地点了点头。

看小Z的情绪稳定下来,于是,我把小Z的母亲拉到一边,心平气和地对她说:

"小Z妈妈,你是位好强且非常疼爱孩子的母亲,小Z有你这样的妈妈很幸运。"停了停,我又接着说:

"可是,恕我直言,我觉得,不是小Z越来越不听话了,而是你在教育孩子的问题上不经意间犯了一个美丽的错误。"

"什么错误?"小Z的母亲惊讶地问。

"小Z正处在敏感、自尊又叛逆的年龄,你经常拿她与别的所谓的好孩子相比,甚至说老师不关心她,是因为她平时学习不好。经常这样,孩子就觉得自己很无能,连妈妈都瞧不起她。你看,这多伤孩子的自尊啊?"

"唉,我这样,也是为她好啊!"

"是啊,你是为孩子好,可是孩子不领情呀。很多时候,当自己觉得孩子不听话时,我们作父母的也应该反思反思自己在教育方法上是否出了问题"。停了停,我继续趁热打铁:

"你望女成凤心切,心情可以理解。但你经常拿孩子与别人相比,这一比,往往比来的是女儿的反感、叛逆、不听话,比掉的是女儿的自尊和自信。事实上,你女儿小Z已经很明显地有自卑心理了。古人说:'哀莫大于心死'啊!小Z妈妈,请你谨记:好孩子是夸出来的,不是比出来的。"

"哎呀,这……这些我还真的从来没想过"。小Z的母亲有些手足无措了。

小Z的母亲已经意识到了自己的不足,我连夜家访的目的已经达到。但我想:要彻底改变小Z争强好胜的母亲教育孩子的方式,以及恢复自卑的小Z的自信,这并不是一蹴而就的。经过一番思考,事后不久,我给小Z的母亲写了一封信。在信中,我用极欣赏的言辞将小Z身上的优点一一列举,同时进一步耐心地告诉小Z的母亲:"表扬和批评是教育惯用的手段,一些家长总是喜欢用人和人之间的横向比较法,如利用'谁家孩子考试拿了第一名'、'谁考取了北大、清华、复旦'等来激励孩子进行竞争。人和人之间的横向比较可能的结果有两个:一是比有目标,学有方向,比出竞争,比出干劲。但另一种结果可能就是越比越气馁,越比越觉得自己不如别人。因为山外有山,天外有天,人外更有人。正如一句俗话所说:'人比人,气死人'。意志坚强、差距不大的人,横向比较可能有用,但对于意志不太坚强的学生来说,横向比较的结果更可能是后一种。对每个人来说,最强大的敌人是自己。如果今天的自己超越了昨天的自己,比如孩子今天考了59分,明天考了60分,虽然仅仅是一分之差,但这一分就是进步,作为家长就应该为孩子高兴,为孩子鼓劲,为孩子自豪。所以,父母更多的是要注重孩子自身发展的纵向比较,这样多半会使得孩子越比越高兴,越比越能看到自己的进步,越比对自己越有信心……"

守望语文课堂

看了我的来信,小 Z 的母亲很感动,她主动跑到学校与我交换了自己的思想和打算。趁此机会,我又建议小 Z 的母亲在女儿 17 岁生日的那天给女儿写封信,让其在信中对女儿的优点加以赞赏,并对自己曾经给女儿的"刺激"表示真诚的歉意。小 Z 的母亲觉得主意不错,一口答应下来。我们约定:信由我转交给小 Z。

小 Z 17 岁生日那天,我把其母所写的信转交给小 Z。小 Z 惊喜地当着我的面就打开了妈妈的信,她读着读着,眼里闪动着晶莹的泪光,最后终于会心地笑了……

自此以后,在班上,我明显地察觉以前一直很自卑的小 Z 变得开朗多了,而且上课发言也比以前积极了。更让我惊喜的是,期末考试,小 Z 的各科总成绩由原来年级的 200 名以外,居然一下子跃到了年级的前 100 名。期末接待家长的那一天,小 Z 的母亲激动地对我说:"张老师,我一直都在后悔给你打的那个不礼貌的电话,可是,现在我回头想想,又多亏了那个电话。要不是你及时地、宽容地帮我'洗脑',说不定我现在还是糊里糊涂的呢,那我女儿也就难说有今天这么大的进步了……"

教育是一项系统工程,小 Z 自信心的树立和所取得的进步,是学校、家庭教育合力的结果。而在这个系统工程中,家庭教育举足轻重,至关重要。家庭教育的主体是家长,家长教育子女的方式、方法得当与否,直接影响着教育的质量。由于家长受教育的程度、家庭情况、个人的脾气性格等方面有所不同,班主任常常会碰到一些"问题家长"。而"问题家长"往往会导致一些"问题学生"。碰到这些"问题家长"、"问题学生",即便"问题"再大,作为班主任,再烫手的山芋也要接,应该抱着标本兼治的态度,既要教育学生,又要引导家长,敏锐地发现存在的问题,合理地给家长以教育方法的指导。只有这样,"问题家长"、"问题学生"的"问题"才会迎刃而解。

比如,上文小 Z 的母亲争强好胜,总是喜欢拿自己的女儿跟别的好孩子比,而"比"出问题又搞不定孩子,只好找相关渠道发泄。面对这样的母亲,我们做班主任的一定要理智。

首先,要学会宽容、大度。家长中即使少数人有不礼貌、不讲道理的言行,班主任也要宽宏大量,千万不要得理不饶人,甚至针尖对麦芒。要用真诚和尊重,艺术地化干戈为玉帛,争取教育的有生力量。

其次,要有爱心、耐心。对于"问题家长"、"问题学生",班主任要心里装着家长,心里装着学生。本着对家长、学生负责的态度,及时向他们伸出"爱"的援手。有了爱心的支撑,在整个过程中,还要有足够的耐心,做到不达目的不罢休。

再次,要用心、用脑。用心、用脑就是要学会思考。学会思考,是为了找点子,找方法。实践证明,只要用心思考,办法总比困难多。教育学生,引导家长,一旦方法得当,并且易于操作,教育就会事半功倍。

最后,要虚心、要学习。教育虽无定法,但毕竟有法。班主任工作是一门艺术,要做一个智慧型的教育指导者,就必须与时俱进,提升自己,虚心学习理论,虚心学习经验,站在巨人的肩膀上,居高临下。这样,工作起来才会左右逢源,得心应手。

18. 评选"优秀家长"

常听有些班主任这样感叹：做班主任，既要教育学生，有时还要"教育"家长。此话不假。不过，我更有感触的是：一些家长需要"教育"、引导，但更需要表扬、鼓励。为此，我在班级中先后开展了评选"优秀家长"的活动。

班级中几十位家长，谁是"优秀家长"？"优秀家长"的"优秀标准"是什么？这当然不是班主任个人凭着感觉去评定，产生的原则是先民主后集中。我首先布置学生分别以随笔的形式写"我的父亲母亲"（详写优点，略写不足）、"我心目中的好父母"。然后，让班委、团委在认真阅读同学们的随笔的基础上，提出"优秀家长"的评选标准。最后，依据评选标准，评选出班级中的"优秀家长"。

有评选，就要有表彰。如何表彰？我和班委、团委经过一番思考，决定给每位"优秀家长"发一个红彤彤、喜洋洋的"中国结"。在"中国结"的下方，我让同学们自制一个艺术小卡片，上面写上"奖给优秀家长"。在特意组织的家长会上，当几位"优秀家长"从我手中接过有着特殊意义的"中国结"时，他们的喜悦之情溢于言表。一些暂时没有评上"优秀"的家长也都向他们投去了羡慕的眼光。借此机会，我还将评选"优秀家长"的"优秀标准"发给家长，让其人手一份。

一石激起千层浪。就在评选、表彰"优秀家长"后不久，一次，一位被评上"优秀"的家长激动地告诉我："张老师，我把你奖给我的'中国结'挂在家里,我的一位同事到我家来看到了,他后来到单位一传开,同事们都纷纷向我讨教教育孩子的金点子。就连我太太都吃醋,说我一下子成了大明星呢!"此外,有一位学生还在随笔中这样写道:"自从我们班评选、表彰优秀家长后,爸、妈再也不像以前那样把我当做他们的'私有财产'要打就打、要骂就骂了。妈妈还说,下次她也要争取当选优秀家长,也要捧回个'中国结'、卡片什么的,好挂在家里风光风光呢……"

激励的力量是无穷的。我倡导开展的班级评选、表彰"优秀家长"活动,不仅促进了家校协同教育,同时也让我的班主任工作取得了事半功倍的效果。

19. 给学生"精神红包"

学生对于赞扬是极其敏感的,他们觉得被人肯定与认可,尤其被老师及自己所信赖的人肯定与认可是一种快乐。学校中,每个学生都希望得到老师的赞赏。

曾听到两个学生这样的对话:

"这次你的外语考得不错,外语老师表扬你了吧?"

"NO,NO。要想得到我们外语老师的表扬,除非我在班上得了第一名。"

学生渴望老师赞扬,而我们的一些老师对学生的赞扬的吝啬,由此可见一斑。

相形之下,西方的老师在这方面就比我们的一些老师慷慨得多。面对学生取得的进步或成绩,他们会毫不吝啬地对其说"你真行"、"你真了不起"之类的赞美之辞。而我们的一些老师往往不说或怕说。不说,可能是因为心太高,认为学生那点进步或成绩还不够档次——不是"第一"或"最好"、"最优秀"的;怕说,是担心表扬了学生,学生会"翘尾巴"。

从心理学的角度讲,对人震撼最强烈、最持久的往往是心理上的刺激。对学生来说,老师适时适度地赞扬或鼓励,能激发他们产生积极的情感。有了这种积极的情感体验,学生就会树立信心,自我激励,积极进取。

因此,作为教师,要善于发现学生的点滴进步和成绩,并毫不吝啬地给学生以"精神红包"——赞扬或鼓励。如：当学生成功时，对他（她）说："你真行"；当学生失败时告诉他（她）："你能行"。果真如此，那么，我们的学生将会获得无穷无尽的前进的动力。

（该文发表于《安庆日报》）

20. 儿子丢"官"记

那是开学初的一天。下午放学后,上小学五年级的儿子闷闷不乐地回到家中,不言不语,神情恍惚。我和丈夫惊问其故,但见儿子白皙的脸上红一阵,白一阵,磨磨蹭蹭,声音也低了八度:"今天班上选举班干部,我……我落选了。"哦,原来儿子丢"官"了。

说实在的,从小学一年级到四年级,在班上,小到组长,大到班委委员,儿子都有个"一官半职"的。现在好,一下子成"光杆"了。这出乎儿子意料之外的"打击",实在让自尊心极强的他够呛。面对一脸忧伤的儿子,我和丈夫交换了眼色:不能"落井下石",先来安抚,再来调查、研究,进行"帮扶"。丈夫递上一块热毛巾,我一边轻轻地为儿子拭去盈眶的泪水,一边平静地对儿子说:"没选上班干,爸妈不怪你,再说班上几十个同学,能当上干部的毕竟是少数嘛。"听了这安慰的话语,儿子抬起头,一双红红的眼睛感激地望望他爸,又看看我。我继续对他说:"而且,没选上班干,也不一定就是坏事呀?"谁知这话一说出,儿子便"咚"地一下跳起来,气呼呼地反驳道:"谁说不是坏事?我是老师提的候选人,有的同学不选我,这,这分明是报复!""报复?为什么报复?"我和丈夫吃惊地瞪大了眼睛。这一问,儿子那脑袋又耷拉了下来,嘴里嘟哝着:"这还不是因为我平时喜欢动手动脚了嘛。"哦,原来儿子那好动的毛病还没有改掉。曾听老师反映,儿子特"活泼",课下和同学在一起,儿子经常喜欢摸摸"张三"的头,踢踢"李四"的小屁股,因他个儿高,班上同学大多拿他没办法。为了这,同学们没少告他的"状",可儿子稍不留意,老毛病又犯了。这不,到底影响了"群众关系"。

"其实啊,你还真的要好好谢谢你的同学给你敲了警钟呢!"丈夫对着儿子"趁热打铁"。我也问儿子:"知道自己的缺点就好,那你打算怎样?""要改正!""一定?""一定!"儿子义无反顾地伸出小指紧紧地和我拉了个勾。

为了让儿子记住"丢"官的教训,当晚我们建议儿子记在日记中。虽然以前儿子约法三章不准我们看他的日记,但这一次,晚上等儿子睡熟,我们不禁"偷"看了他的日记。儿子写道:"……下午放学,班干落选的我走在回家的路上,只见几个同学朝我扮鬼脸,并怪声怪气地嘲笑我。我的心真像刀绞一般,一下子全碎了。唉!真是'虎落平川'……还是爸爸、妈妈好,他们知道后不仅没责备我,反而安慰我,鼓励我。为了爸妈,更为了我自己,我发誓:一定改正缺点。不信,等着瞧!"

"'虎落平川',你看现在的孩子啊,真是不得了!"读着儿子的日记,丈夫不禁在一旁咂嘴感叹。我也思绪万千。是啊,自尊、自负、狂躁,这就是儿子及这一代的孩子们普遍存在的心理特征。他们往往"赢得起,输不起",最不能经受打击和挫折。父母最要紧的是让孩子既承认失败,又不甘于失败。若鲁莽地求全责备,势必使孩子稚嫩而又强烈的自尊心"破裂"甚至"粉碎"。想到这,我释然地松了口气,没想到儿子丢"官",也给我们上了一堂生动的"教育"课。

(该文发表于《安徽日报》)

21. 护短,越护越短

前不久,我听说这样一件真实的事:

在某初中,学生甲、乙为一件小事发生摩擦,于是甲怀恨在心。为了"收拾收拾"乙,甲特地买来巧克力等零食给人高马大的同学丙,请丙代为其"报仇"。丙在"笑纳"了巧克力等零食后,不负甲之重托,终于找茬将乙揍了个鼻青脸肿,遍体鳞伤。事后,乙母找到丙家,丙母在狠狠教训了儿子之后,主动联系甲母,意欲让其告诫甲别再在幕后策划此类"战争"。然而甲母对此却大动肝火,当着儿子甲的面,反诘丙母道:"我儿子叫你儿子吃屎,你儿子也吃吗?"

真是岂有此理!像这样对孩子的错误行为无原则地加以支持和保护的甲母,乃典型的护短家长。

护短家长,究其原因,不难发现,他们中大多具有极强的虚荣心。在父母的眼中,孩子是自我的一部分,孩子一旦出格、犯错,虚荣心极强的父母亲便觉得自己丢了面子。为了面子,明知孩子有错,自己还是"理直气壮"地充当起孩子错误思想和言行的"保护伞"。殊不知,往往就是在这把"保护伞"之下,做父母的亲手把孩子送上了歧途。因为孩子年幼,他们对事物的认识、评价和是非明辨能力尚不能达到一定的高度。孩子犯了错误,往往是自己处在一种不自觉的状态,父母如不及时为其"拨开迷雾",相反还极力为其遮盖,久而久之,孩子会是非不明,善恶不分。同时,父母无原则地保护,会使孩子产生一种"天塌下来,有父母顶着"的优越感,以致有恃无恐。心理上无所畏惧,精神上无所约束,行为上也就无所不敢为,有的甚至以身试法,滑向犯罪的深渊。

因此,为人父母者,面对孩子的过失和错误,如果一味地护短,其结果只能是越护越短。

(该文发表于《安庆日报》)

22. 学生租房,悠着点

养兵千日,用兵一时。为了备战高考,在我市城乡部分中学住校的高三学生中悄悄兴起了一股租房热。一进入高三,一些学生便寻思着搬出学校的集体宿舍,在学校附近或单独或三三两两合伙寻租民房作为住宿之地,目的是让自己在考前有一个相对安静的学习、生活环境。为了孩子,哪怕房租一涨再涨,家长们也在所不惜;为了高考,尽管老师们对在校外住宿有种种担忧,但也不得不满足学生和家长的一致要求。

与住集体宿舍相比,在校外租房的同学避免了集体生活的嘈杂和干扰,拥有了独处的宁静,这无疑对学习和生活都有益处。然而,住进租房的学生,情形是不是都如人所愿呢?带着这个问题,我曾走访了有关学校和教师,得知的情形却不尽人意,有的甚至让人陡生深深的遗憾。

小A是某中学高三年级学生。高三上学期一开学,小A便从集体宿舍搬出去,在学校附近租用了一间居民房。刚从集体宿舍搬出来,住进完全属于自己的小屋,小A感到从未有过的安静和舒适。他暗下决心:在这样安静的环境里,课余时间自己一定要好好把握,好好利用,争取高考考出好成绩。开始时他是这么想的,也是这么做的。坚持了一段时间后,渐渐地,小A便觉得一个人住在校外,不仅没有了学校集体宿舍按时熄灯就寝的限制,而且班主任老师也不便到校外来"查房"。有了这种"自由"的感觉,原本就酷爱看武侠小说的小A,心里便开始痒痒了,他情不自禁地到学校附近的书摊上租来一部部武侠小说,每天晚自习后回到房间就抱起小说如痴如醉地读起来,有时甚至通宵达旦,以致白天上课时头晕脑胀,昏昏欲睡,人虽坐在课堂上,脑子里却是一片空白。随之小A的成绩直线下降。

租房"成全"了小A,让他不用担惊受怕被老师发现,痛痛快快地过足了武侠小说瘾。如果说租住的小屋是小A过把小说瘾的宁静的"港湾",那么,对于女生小B和男生小C来说,租住的小屋则成了他们课余谈情说爱的"爱巢"。

小B和小C是同班同学。进入高三,小B便在父母的支持下搬出女生集体宿舍,在学校旁边租了一个房间。在班级,小B的学习不错,小C的成绩也不差。平时在班上他们经常一起讨论问题,交流学习心得,久而久之,彼此间便产生了朦胧的爱意。开始,校园内众目睽睽之下,小C与小B羞羞答答,若即若离,不敢有亲密来往。可自从小B搬进了校外的出租房,小C便抓住机遇,无所顾忌地经常出入小B的房间。尤其是星期六的晚上,学校不上晚自习,小C便经常来到小B的房间,有时两人一坐就是几个小时。后来,同班知情的同学看不过去,便向班主任"揭发"了此事。在班主任严厉、细致、耐心的批评、教育下,小B和小C这才悬崖勒马。

与小A、小B、小C相比,同样在校外租房住宿的小D和小E,他们俩的情形就更加令老师和家长寒心了。

小D和小E在农村某中学读高三,平时两人的自控能力都较差,同属不安分守己的类型。当性格相投、同在一个班就读的小D和小E双双向班主任提出搬离学校集体宿舍到校外租住民房时,班主任左思右想,没有同意。无可奈何,执著的小D和小E双双"搬"来了各自的家长,请求班主任为其开"绿灯"。在家长和小D、小E的一致要求下,班主任最后只得让小D、小E写下保证遵守校纪校规的"保证书",并让家长各自在"保证书"上签了字,随后才放行。小D和小E在校外村民家合租了一间房,两人一同住了进去。开始的一段时间,两人没有忘记自己向老师的"保证",还算守规矩。渐渐地，无所羁绊的小屋生活使小 D 和小 E 有些自持不住了。在两人的房间里，他们渐渐学会了喝酒、抽烟，随后父母给的生活费就入不敷出了。手头拮据的小 D 和小 E 便寻思着"搞"点钱来花花。经过商量，两人把"目标"定在了学校附近的一个体小商店。于是，在一个黑灯瞎火的夜晚，乘店主有事外出之际，小 D 和小 E 窜到该小店撬锁入室。就在他俩狂乱地窃取店内的钱物时，恰巧店主回来了，结果小 D 和小 E 被逮了个正着……小 D 和小 E 的父母万万没有想到，当初支持儿子租房，实指望能给儿子一个较好的学习环境，到头来自己省吃俭用花钱租来的房子却成了儿子犯罪的"贼窝"。"真不争气啊！"小 D 和小 E 的父母痛彻心扉，后悔不迭。

　　望子成龙、望女成凤是天下所有做父母的对于子女成才的祈盼。为了孩子，一些父母除了咬紧牙关艰难地承受着孩子在校期间不菲的学习、生活费用外，到了高三，他们又不得不一再勒紧裤带，节衣缩食，花钱为孩子创造一个良好的学习、生活环境，自己苦点累点又算得了什么？然而，像小 A、小 B、小 C、小 D、小 E 等，住进租房后，在相对宽松、自由的环境中，他们便情不自禁地放纵自己，甚至走上犯罪的道路，这种情形，是与他们的父母的初衷大相径庭的，又怎能不让父母亲灰心、痛心呢？可以肯定，对于那些自觉性差、自己管不住自己的学生来说，让他们生活在学校集体中，在老师的眼皮底下，让集体的制度去约束他们、规范他们，那么，他们犯错甚至犯罪的几率就远远比单独租住在校外低得多。因此，我在此不禁要向那些支持孩子在校外租房的家长"泼点凉水"：如果你的孩子自控能力较差，请不要轻易把孩子"放"到校外居住。因为，孩子租住在校外，学校和老师鞭长莫及。

　　学生租房，悠着点。

（该文发表于《怀宁报》）

23. 与我有关的故事

——我最喜爱的一本书:《谁动了我的奶酪》

一直以来,我以为寓言就是大人编来哄小孩的故事。所以,当我第一眼看到《谁动了我的奶酪》时,就觉得自己已经过了看这种书的年龄了。但是,偶尔一翻,当"如果你不改变,你就会被淘汰"、"当你超越了自己的恐惧时,你就会觉得轻松自在"等跃入我的眼帘时,突然觉得书中的故事肯定与我有关,因为那个"你"明摆着就是指"我"。于是我一口气把这一可爱的寓言故事读完,竟致爱不忍释。

《谁动了我的奶酪》的作者是美国知名的思想先锋和畅销书作家斯宾塞·约翰逊博士。他的这本不到4万字的小说,曾经洛阳纸贵,引发了几千万人的思考,这不能不说是个奇迹。

小说讲的是一个关于"变化"的故事。故事中有四个可爱的小生灵——两只小老鼠"嗅嗅"、"匆匆"和两个小矮人"哼哼"、"唧唧"。他们生活在一个迷宫里,奶酪是他们要追寻的东西。有一天,他们同时发现了一个储量丰富的奶酪仓库,便在其周围构筑起自己的幸福生活。很久之后的某天,奶酪突然不见了!这个突如其来的变化使他们的心态暴露无疑:嗅嗅、匆匆随变化而动,立刻穿上始终挂在脖子上的跑鞋,开始出去再寻找,并很快就找到了更新鲜更丰富的奶酪;两个小矮人哼哼和唧唧面对变化却犹豫不决,烦恼丛生,始终固守在已经消失的美好幻觉中追忆和抱怨,无法接受奶酪已经消失的残酷现实。经过激烈的思想斗争,唧唧终于冲破了思想的束缚,穿上久置不用的跑鞋,重新进入漆黑的迷宫,并最终找到了更多更好的奶酪,而哼哼却仍在对着苍天发出"谁动了我的奶酪"的追问中郁郁寡欢……

故事里的"奶酪"无疑是对我们在现实生活中所追求的目标的一种比喻,它可以是一份工作,一种人际关系,可以是金钱,一幢豪宅,还可以是自由、健康、社会的认可甚至上司的赏识等。

我们每个人的内心都有自己想要的"奶酪",我们追寻它,想要得到它,因为我们相信,它会带给我们幸福和快乐。

当文中的四个小生灵面对变化,作出不同反应,得到不同结果时,回头看看置身的生活,我们都能从中找到自己的影子。当我们在窃喜自己住上了更好的房子、有了更富裕的生活条件时;当我们不仅可以填饱肚子,还能在吃饱喝足后找一个音乐吧听听名曲、抽一段时间去游山玩水时,突然一天有人告诉你,由于有比你更适合的人,你要下岗,这时,你吃惊地发现,在我们享受"奶酪"的同时,你的"奶酪"一下子不见了,你会失去享受生活的基础,并且将会因此而受到极大的伤害。

这就是改革的社会,变动的生活。你守着的奶酪不但会变质,而且还有可能突然被人搬走,甚至被人抢走。面对你曾经拥有的"奶酪",面对你曾经拥有的成功、拥有的光环,你如果因此而变得妄自尊大,而在安逸的生活中,丝毫没有察觉到身边正在发生的日新月异的变化,那么你就会在有一天早上接到你的"下岗通知书",你就会体会到今天工作不努力,明天努力找工作的境遇。当你愤愤指责让你下岗的领导、顶替你上岗的同事,大声叫屈:"谁动了我的奶酪"时,社会和现状会无情地告诉你,谁也没动你的奶酪,是社会发生了激变;谁都可以动你的奶酪,竞争是社会前进的动力。

《谁动了我的奶酪》一书之所以广受欢迎,因为这是一则富有魅力的现代社会预言,它离我们的生活很近很近。它不像《守株待兔》《龟兔赛跑》之类的寓言,现实中很少有人会因为在小巷里捡到几百元钱就天天跑到那去等别人掉钱,也很少有人会因为自己比别人跑得快就停下来睡大觉。在这个充满竞争的社会,人外有人,天外有天的道理几乎人人都懂。但是《谁动了我的奶酪》则抓住了大多数人的心理,害怕变化在某种程度上说已经是现代人的共性。社会中的每个人都可以从故事中找到自己的影子,而且大多数是"哼哼"型的,甚至比"哼哼"更糟糕,一旦无法面对美好事物的改变时,他(她)便选择逃避甚至结束自己的生命。而"唧唧"所象征的是人们处于困境时最矛盾、最犹豫的一面,害怕变化会使事情变得更糟。但"唧唧"用自己在迷宫中寻找新奶酪的体验向大家证明:只要你勇敢地面对变化,积极地适应变化,变化终将会使事情变得更好。只有关涉自己的故事才能更打动人,因为我们人人都是《谁动了我的奶酪》中的主人公。

我喜欢这本书,因为它用一个可爱的故事,轻松愉快地便澄明了混沌的生活。当一位被变化所困惑的人坐在一面肮脏的镜子前,希望看清自己的真面目而不得时,《谁动了我的奶酪》就像一位智者,用一条白毛巾从容不迫地擦去镜子上的污迹,让困惑者真正发现自己的问题所在。

世事变化本无常。《谁动了我的奶酪》告诉我们一个最简单的应对方法,那就是把跑鞋挂在脖子上,时刻准备穿上它,在千变万化的世界里奔跑、追寻!

(该文获上海市普陀区教职工"我最喜爱的一本书"读书征文奖)

24. 走近父亲

  母亲病了,医院确诊的结果,令一向豁达、乐天的父亲一下子变得少言寡语,意寒心沉。父亲不能接受母亲患上了目前医学上还无法根治的顽症,更不能接受手术已无济于事的残酷现实。仿佛一夜之间,父亲憔悴了十分,苍老了百倍。

  在我的印象里,父亲随和、乐观,什么事都不往心里去。自以为熟知父亲,母亲被确诊后的病情,我毫无戒心地含泪告诉了父亲。万没料到,母亲的病症竟深深地刺激着父亲。我心愧——其实,我不了解父亲。

  我发现,原来父亲性格粗犷而细腻,深沉而热烈。我难忘:母亲手术后第二天,父亲匆匆从家中赶到省城医院。知道了一切的父亲见到病床上极疲惫的母亲,竟说不出话来,只是木讷地伸出自己的双手紧紧地握住了母亲瘦削的手。那一刻,父亲那凹陷的双眼分明有泪光闪现。好久好久,倒是不知道自己真实病情的母亲用细弱的声音吃惊地问父亲:"你怎么瘦成这样?"

  我甚至否定了自己曾经有过的"父亲对母亲粗枝大叶"的偏见。我感触:父亲对与之风雨同舟、相随相携了40余年的母亲情深似海。面对母亲的病症,父亲从未有过地无奈、遗憾,一筹莫展的他只得按捺着内心的苦痛,默默地为母亲做着力所能及的事。

  出院后的母亲既无力支撑虚弱的身体久坐,又难熬炎夏的燥热在床上久躺。不会骑车的父亲不声不响地以步代车,独自赶到10多里外的小镇,为母亲背回了一把竹式躺椅。那天,天气出奇的闷热。父亲气喘吁吁地回到家,放下肩上不轻的竹躺椅,全身的衣服已被汗水湿透。他顾不上擦把汗、喝口水,忙找来砂纸一点一点地打磨着躺椅粗糙的地方,又打来热水擦净椅面,直到将病歪歪的母亲慢慢扶到椅上舒适地躺下,父亲才长长地松了口气。

　　为了给术后的母亲增加营养,父亲每天一早就跑肉店,赶菜市。没有一点厌烦,没有半点怠慢,父亲用最直接、最实际的行动对生病的母亲努力尽着做丈夫的责任和义务。终于有一天,母亲发现父亲的一双膝盖红肿青紫,母亲一再追问,父亲闪烁其词,说是自己不小心碰着的。后来无意得知,父亲一大早在为母亲买肉的途中竟在平地上重重地跌倒了……本来,60多岁、身体还算硬朗的父亲走起路来绝不至于磕磕碰碰,很显然,母亲突如其来的重病重重地打击了父亲。我开始后悔,后悔不该将母亲真实的病情告诉父亲,该像紧紧瞒着母亲本人一样也紧紧瞒着父亲,让父亲和母亲一起微笑地面对脆弱的生命。

　　但父亲毕竟是父亲。在重病缠身的母亲面前,父亲极力地调整自己,他把无限的无奈和遗憾埋藏在心底,一边尽力照料母亲,一边故作乐观状安慰着母亲:慢慢就会好的。

　　慢慢就会好的——父亲祝福着母亲,我也祝福着母亲。

(该文发表于《景德镇日报》)

25. "非典"过敏

"叮铃铃,叮铃铃……"时值正午,办公桌上的电话铃声骤然响起。没有往日的亲切问候,听筒里传来大姐急切的话语:"二妹,小松最近给你打电话没有?昨天和今天,几次我打小松的手机,怎么一直关机?"一直关机?小松在医院工作,"非典",莫非"非典"……大姐的电话让我的心猛地咯噔了一下。

小松是大姐的儿子,我的侄儿,去年从医科大学毕业以后,以优异的成绩被广东一家市级医院看中并录用。远隔千里,他乡举目无亲,孑身南下的小松从此让父母及亲人牵挂无限。去年底,广东河源发现首例"非典"病人,随着疫情的爆发和蔓延,身处广东且又在医院工作的小松,因此又叫父母和亲人多了一份担忧。好在如今通信方便快捷,对儿子牵肠挂肚的大姐特意嘱咐儿子常开着手机,以便自己随时向儿子送去问候。

容不得多想,我急忙拨打小松的手机,话筒里传来的是:"你拨打的手机已关机。"不行,我又接着拨打小松所在医院科室里的电话,可中午时分,科室无人接听。重拨,再重拨,执著的我就这样反复折腾了一个中午,我开始为小松担忧起来。

"嘟!"正当我胡思乱想,突然我的手机响了一声,我打开手机,屏幕上显示出"新信息"的提示字样。我迅即打开收件箱,啊,是小松!小松为我发来了短信:"防控非典小贴士……"等不及读完短信,我拨通了小松的手机,询问并道明了担忧,看我急的,电话里的小松却哈哈大笑:"哇,非典过敏!昨天、今天上午我都在给病人做手术啊。医院有规定,上手术室不允许接听电话。"哎呀,原来如此!我的一颗悬着的心终于放了下来。接着,小松还告诉我,当地及近邻香港疫情形势严峻,作为入党积极分子,自己已在全院率先报名参战,随时听从组织调遣,拟上进港抗非前线。我的心头一热,不禁为小松的无私无畏而感动。挂断电话,乐天、风趣的小松又为我发来短信:"为有英雄多壮志,敢叫非魔上西天。"

是啊,"非典"可防、可治、可控,朗朗乾坤,人定胜天,小小 SARS,能耐几何?

(该文发表于《安徽日报》)

26. 腊月,真好

又是腊月,沐浴盎然的年意,尘封的记忆之门悄然洞开,令人神往心醉。

一到腊月,大人们便忙开了:炸米花、熬米糖、磨年粉、打豆腐,还有做年衣、杀年猪……大人们忙得鲜活,累得舒坦。五花八门的年事中,对孩子们来说,最向往最渴望的便是做年衣和杀年猪了。

母亲用平时卖鸡蛋慢慢攒起来的钱,精打细算,扯回一些花咔叽布料,给我们姐妹6人做年衣。那花花绿绿的布料,让我们激动好多天,乐得我们都抢着帮母亲干家务活。

替我们缝制衣服的是村里一位远近闻名的老裁缝。老裁缝手艺不错,人也开朗、幽默。母亲抱出做衣的布料,我们姐妹几个便团团围住老裁缝,叽叽喳喳叫着让老裁缝先做自己的新衣。老裁缝故意板起脸孔:"哪个不吵就给哪个先做。"顿时,我们姐妹一个也不敢吱声了。老裁缝慢条斯理地将布料打开,平铺在裁衣板上,然后端起一只盛满凉水的大碗,张嘴吸上一大口冷水,对着面前平铺的布料用力地一"噗",喷出的冷水便雾似的纷纷飘落在布料上。老裁缝用手拽着布料,发现我们不吵不闹乖巧地站在一旁欣赏他的一招一式,便用手敲敲自己面前的茶杯,得意地朝我们抿嘴笑着说:"嘿嘿,谁最勤快就给谁先做新衣啰。"话音刚落,我们姐妹几个便争先恐后地抢着给老裁缝端茶递水。

年衣终于做好了,母亲让我们各自试穿后,就将其折叠得服服帖帖地收进衣柜,说是等到年三十吃过年夜饭之后才可以穿。扳着指头数日子,我们都巴望着年三十快快到来。

宰头肥猪过年是农家的传统。杀年猪时热烈而隆重。杀猪师傅将那油晃晃的围腰布往腰间一扎,袖子一卷,便蹑手蹑脚、小心翼翼地靠近懒洋洋的大肥猪。突然,一个箭步,一人揪住猪耳,一人便拽起猪尾巴,连拖带拽地将大肥猪一下子就按到了屠宰板上。大肥猪惨烈地嚎叫着,母亲瑟索着,远远地站在一旁,望着她平时千碗水、万瓢糠喂养大的猪一会儿工夫就不再挣扎了,眼里充满了怜悯。但杀年猪是喜事,母亲很快便把那种"不忍"埋藏在心里,满脸堆笑地忙活着给杀猪师傅们准备酒菜。父亲吩咐杀猪师傅剁下几斤上等好肉,母亲接过冒着热气的猪肉和猪内杂,围着灶台,一阵烧、煮、煎、炸,七碗八碟的就被母亲利索地摆上了饭桌。等到师傅们满面红光地用手捂着酒杯推说"不能喝了"的时候,我们姐妹几个也差不多肉足饭饱了……

岁岁有腊月。只是如今月月丰衣足食,身处腊月却远没了从前的意往神驰。唯有童年的腊月,咯嘣咯嘣地嚼着冻米糖,咕咚咕咚地喝着豆腐浆,特别是杀年猪后大口大口地啃着骨头肉,还有除夕夜欢天喜地穿新衣……撩人的诱惑叫人怦然心动,惬意地感觉:腊月,真好!

(该文发表于《安庆日报》)

27. 响亮的年

在小城过年,最大的感觉便是:这年过得太响亮。

小城因其是"小城",因此至今尚未有燃放鞭炮的禁令。小城人的习俗,过年少不了过把鞭炮瘾。年三十,商家关店门时放,家家祭祖时放,年夜饭前后要放,尤其是年初一的"开门红",振聋发聩,此起彼伏,不绝于耳。置身小城,真真切切地感到,地在动,楼在摇。看电视的,凑近电视,还不得不一再加大音量;出门的,甚至坐在家里的,不由得一个劲地皱着眉头,异口同声:呀,这鞭味好呛!

充耳的鞭炮声,呛人的硝烟味,不禁使我想起了儿时那个没有鞭炮声响的年。

一个腊月的一天,邻居家长我一岁的男孩大毛来到我家和我捉迷藏。躲在厨房柴草后面的大毛,无意间发现了我家灶头上放着的鞭炮。满肚点子的大毛乐坏了,从柴草后面蹦出来,一把扯住我,鬼鬼祟祟地小声对我说:"我俩把鞭炮放了。"来不及等我点头,大毛麻利地从我家灶门口摸起一包火柴揣到了自己的口袋里。糊里糊涂的我跟着大毛兴高采烈地将两挂不长的鞭炮挂到了门前的矮树杈上,大毛自告奋勇,一一点燃了鞭炮。噼噼啪啪,好响啊,我和大毛拍着小手欢呼着,雀跃着。

"啪!"忽然从我的身后,闻声赶来的父亲重重的照我的脸上甩来一个响亮的巴掌。大毛吓得一溜烟地逃走了。我原地不动,双手捂着火辣辣的脸,头脑"嗡嗡"作响。朦胧中听见母亲一边在责怪父亲手太狠,数落着我太疯,一边又在焦急地自语:这过年哪来鞭炮呢?

因为大毛的坏点子,也因为我"太疯",那年过年,我家第一次没能放鞭炮。多少年后,我仍不能忘记那个没有鞭炮声响的冷冷清清的年。我曾傻乎乎地问母亲:再补买两挂鞭炮不就得了?母亲无可奈何地告诉我:本来买年货都是借的钱,哪还好意思再向人家借钱买鞭炮呢?

时至今天,现在的孩子,若有像我当年那样顽皮,好奇地提前偷放了过年的鞭炮,因无力再买而致父母大动肝火的,恐怕难有了。

今年除夕,家住农村的侄儿兴冲冲地为我打来拜年的电话,话筒里除了传来侄儿温馨的祝福声,再就是"噼噼啪啪"的鞭炮声了。

啊,小城、乡村,好一个响亮的年!

(该文发表于《桐城报》)

28. 家庭暴力,怎一个"痛"字了得

先让我们看几个案例:

之一:"叫你不要和男人说话,你怎么就偏要说呢?"这是电视连续剧《不要与陌生人说话》中的施暴丈夫安某"教训"妻子梅湘南的言语。家住某县农村的妇女汪某哭诉说,她的丈夫李某就像《不》剧中的安某。

李某脾性刚烈,心胸狭小。平时,李某只要发现妻子同别的男人说话或是往来,李某便醋意滔天,不问青红皂白便大发雷霆。对妻子拳打脚踢不过瘾,李某还常常拿燃烧的香烟去烫妻子的身体,意在让妻子记住不要同别的男人说话或往来,致使妻子遍体鳞伤,痛不欲生。

之二:胡某、吴某家住某县农村。去年正月两人登记结婚,同年吴某生下一女婴。因生女孩,胡某对妻子极为不满。小孩"三朝"那天,胡某借故将妻子吴某毒打一顿,致吴某下身出血不止。刚刚分娩,又突遭丈夫毒打,身体极度虚弱的吴某精神一下子崩溃了。此后,吴某思维紊乱,举止失常。然而,面对精神失常的妻子,胡某却置之不理,不仅不为妻子及时求医治疗,反而多次殴打妻子吴某。后来,为了甩"包袱",胡某企图同妻子离婚,离婚不成,胡某竟以外出打工为名,一走了之,杳无音讯……

之三:程某、沈某夫妇是某街道居民。在家庭中,程某好逸恶劳,养尊处优。妻子沈某勤劳善良,节俭持家。然而,程某对妻子总是横挑鼻子竖挑眼,动辄拳脚相加。对程某来说,"打老婆"已是家常便饭。一次,程某与妻

子沈某发生争吵,程某竟将家中的一截电线与一段铁丝缠绕到一起,然后用它狠命地抽打妻子沈某。被丈夫一顿暴打之后,身心俱痛的沈某跌跌撞撞地来到所在地妇联找"娘家人"投诉。当瘦弱的沈某当着妇联同志的面撩起自己的上衣时,其上身纵横交错、青红紫绿的累累伤痕让所有在场的人目瞪口呆:如此残忍,这哪里是丈夫,简直是蛇蝎!

居家过日子,夫妻间争争吵吵、磕磕碰碰在所难免。可像上述李某、胡某、程某痛殴妻子的暴力行为实在有悖人性,与情不忍,与法不容。然而可悲的是,一些施暴的丈夫往往认为"打老婆"是"家务事",别人无权干涉。用电线加裹铁丝暴打妻子的程某,当所在地妇联同志拍案而起,会同当地公安、政法部门负责同志及时赶到其家时,有关人员对其批评、教育,责令其拿钱为妻子治病,程某竟不以为然,爱理不理。后来,在有关部门的强制下,程某才不得不拿出1000元钱,让妻子去医院疗伤。

据了解,在我国城乡,特别是农村,家庭暴力行为时有发生,一些妇女因此长期忍受着肉体的痛楚和精神上的屈辱与绝望。家庭暴力问题是应该引起足够的重视了。所幸的是,国际社会和国内对此都在关注。1999年,联合国将每年11月25日定为"国际消除妇女暴力日",今年又是反家庭暴力年,目的就是提醒各国政府要采取行之有效的方法遏制家庭暴力的发展。为了从源头上抓起,我国2001年4月28日颁布的《婚姻法》修正案,就反对家庭暴力问题作了具体的法律规定。因此,"丈夫打老婆"已不再是"家务事","打老婆"是触犯法律的行为,施暴丈夫的暴力行为是要负法律责任的。

(该文发表于《安庆日报》)

附录

【人物通讯】

"我是你的眼睛"

——记全国杰出青年星火带头人汪世龙的妻子万利云

去年 12 月 30 日。合肥九狮园宾馆会议室里。

室外寒风飕飕,室内春意融融。全省青年星火带头人表彰大会正在这里举行。主席台上,省人大副主任陆子修在做总结性讲话。忽然,他兴致勃勃地向全场问询:"哪一位是怀宁的汪世龙?请站起来"。话音刚落,双目失明,30 多岁的汪世龙便从台下的座位上摸索着站起来,顿时,会场内一片唏嘘。望着汪世龙,陆子修连连点头,激动地朝他伸出了大拇指:"年轻人,了不起!了不起!"

了不起?汪世龙,这个双目失明,回乡搞菇、菜种植的大学生的确了不起:"全县杰出青年星火带头人"、"全省青年星火带头人"、"全国杰出青年星火带头人",一项项殊荣纷至沓来。可是,有谁知道,在这个了不起的人身后,有着一位支撑着他的事业和生命、且具有金子般心的女子呢?这个女子就是甘愿与他同甘苦、共患难的妻子万利云。

万利云,这位四川城里长大的大学生,在爱情的舞台上,她完美地扮演了一个光艳照人的奉献者的角色。她的故事,是那么扣人心弦……

守望语文课堂

一

万利云出生在四川省奉节县城镇。1993年秋,她正在重庆电大上大学。因父母相继去世,为解决学习、生活来源,她一边读书,一边打工,在重庆市计划生育科研所收发室干收发工作。一天,她发现该所一个叫汪世龙的人,他有大量的信件和报刊杂志长时间没来取。经打听,原来此人因眼病住进了医院。汪世龙出院后,热心的万利云将他的信件和报刊杂志送到了他的住处。交谈中,她得知,汪世龙来自安徽怀宁海口农村,1984年,毕业于吉林农业大学,同年分配到重庆进该所从事科研工作。在一次科研攻关中,因过度疲劳,突发眼病,导致双目失明。汪世龙不幸的遭遇,引起了万利云深深地同情。自那以后,只要有汪世龙的信件和报刊杂志,万利云就及时为他送去,并主动抽空给他念信、念报刊。在交往中,万利云发现,汪世龙精明能干,知识面广,且具有极强的事业心和执著的个性。在科研所,他所进行的计划生育科研工作虽与他学的专业毫不相干,但他在工作之余一直坚持钻研农学专业,尤其是对食用菌和蔬菜种植技术的研究达到入迷的程度。渐渐地,万利云对汪世龙由同情到佩服进而萌生出爱恋。她大胆地向汪世龙表达了自己的感情,可汪世龙冷静地对她说:"我两眼失明了,嫁给我这种人,生活一定很苦很累,我不想连累你。"万利云坚定地说:"我想过了,再苦再累,我也心甘情愿。"

万利云将这事分别告诉了在奉节县城及重庆市工作的哥哥和姐姐,他们先是吃惊,继而是一致极力地反对。但无论哥、姐怎样地好说歹劝,万利云就是铁了心。就这样,去年元月,在亲人的一片反对声中,万利云和双目失明的汪世龙结婚了。

像酸涩的苦酒注入了清冽的甘泉,从此,汪世龙的生活有了光明和生机。双目失明,汪世龙难免痛苦和自卑,万利云就耐心地安慰他:"你的眼睛虽然失明了,但你还有聪明的大脑和勤劳的手,我就是你的眼睛啊。"为减轻丈夫的苦闷,万利云不厌其烦地为他念报刊,汪世龙对种植技术感兴趣,万利云就买来有关书籍,并从头到尾一点一点地念给他听。新婚燕尔,日子就这样在万利云的读读念念中悄悄滑过。

二

汪世龙双目失明后,科研所领导对他极尽关怀,让他留所休养,工资待遇不变。1994年夏,万利云大学即将毕业,为了照顾汪世龙,所里分给他一套两室一厅的住房,并且准备安排学财会专业的万利云进科研所财务科工作。这一切,本该给不幸的汪世龙以慰藉,可是,面对单位给予的优厚待遇,汪世龙却深深地感到不安。终于,一个令人意想不到的打算在他脑海中形成:他想回老家农村,发挥自己的特长,搞食用菌种植!他把自己的想法告诉妻子:"我不能就这样呆着给单位添累,我想回农村。""回农村?"万利云惊讶不已。"对,回农村搞菇、菜种植,只有这样,我才能做一个残而不废的人。"汪世龙坚定而又兴奋,万利云不再说什么,她似乎意识到自己将要面临的一切,她陷入了深深的矛盾之中:留在重庆,可以过宁静安逸的生活,但这对于不甘寂寞而又无法进行工作的丈夫来说,无异于在煎熬他的生命。回农村搞种植,也许能弥补他命运的遗憾……万利云想得很多很多,最后,她还是态度坚决地告诉丈夫:"世龙,我能理解你,回农村,我陪你一道回吧。"

万利云要同双目失明的丈夫回农村,消息不胫而走,一时他们周围的人惊呆了。单位领导和同事们纷纷上门劝说:"不能感情用事,要慎重考虑。"万利云的哥哥、姐姐急得哭了:"到农村,你能受得了吗?好妹妹,只要你答应不回农村,什么条件,哥姐都依你。"万利云动情地对哥哥、姐姐说:"我也希望留在城市工作,但我爱世龙,为了成全他,我愿意放弃自己的心愿。"万利云又一次伤了哥哥、姐姐的心。

就这样,大学刚毕业的万利云,谢绝了丈夫单位的好心安排,告别了亲人,带上他们仅有的1万元积蓄和一些种植技术的书籍,扶着双目失明的丈夫,登上了回安徽农村的列车。

三

6月,正是梅雨季节。万利云第一次踏上安徽怀宁海口的土地,就经受了风雨的考验。头上是瓢泼的大雨,脚下是粘乎乎的泥巴,还有那漫过田埂的洪水。她搀扶着丈夫提心吊胆地在洪水中一步一步地向前挪动。像掉进了冰窟窿,她的心一下子凉了半截。然而,更让万利云寒心的是,当得知他俩放弃在重庆的生活和工作,回家搞什么种植时,万利云这个从四川远道而来的新媳妇,一点也没受到汪世龙家人的欢迎。他们纷纷指责:"放着城里的好日子不过,这不是有福不晓得享吗?"左邻右舍也七嘴八舌:"说不定哪,他俩在重庆犯了什么错误呢。不然,怎么会跑到农村来抠泥巴呢?"面对这一切,万利云和丈夫忍气吞声,默默地承受了。他们的心里只有一个念头:一定要干出个样来!

理想与现实往往是有距离的。搞食用菌和蔬菜种植需要房子和土地,汪世龙家境贫寒,不能为他们提供任何资助。万利云和丈夫用带回的积蓄购买了建房材料,并多方努力,租用了一亩土地。建房时,由于家人和周围人的不理解,他们都不愿意帮忙,万利云只好和丈夫一起搬运材料。丈夫心疼她,不让她动手,自己却用手摸着干。一次,汪世龙独自扛着根大木料,凭着熟悉的感觉,慢慢地摸着向前走,不长的一段路摔了无数次,身上全是泥土。万利云见了,眼泪唰唰往下直流。她跑过去吃力地接住木料的一端放在自己单薄的肩上,并对丈夫说:"以后干活我俩一起,我是你的眼睛。"就这样,一点一点地干,万利云和丈夫搭建起了三间简陋的房子,其中两间用做制种机室,一间用做卧室。简陋的家里,没有钱架电,万利云就买回煤油,点上油灯。每夜,昏暗的灯光下,夫妻相拥而坐,着手准备进行食用菌制种实验。汪世龙口授,万利云记录并查找有关资料,在总结前人经验的基础上,制定了一套科学的制种试验计划和方案。第一次制种,万利云对照着和丈夫研究的计划及方案,小心翼翼地进行试验。那段时间,她吃不香,睡不安,生怕试验不能成功。庆幸地是,试验非常成功。第一次发现那满瓶满瓶的白色菌丝,万利云高兴得一下子跳了起来,她飞跑着冲向丈夫:"成功啦！成功啦!"万利云真是太高兴、太高兴了。汪世龙也兴奋得像个孩子似的,他好久没有像这样高兴了。万利云捧出一瓶菌种:"世龙,你看不见,就用手摸摸吧!"

初次的成功,万利云和丈夫坚定了信心,随之又进行了一系列试验:利用纯长稻草进行室外大面积栽培平菇;生料袋栽培与畦栽金针菇;室内木耳、香菇、猴头菇栽培等,还建起了葡萄园,引进了几十种蔬菜良种,均取得成功,并且都取得了好收成。两年多的时间,他们种菇、菜收入达 40 000 多元。周围的农民一下子轰动起来了,一时间,参观学习的群众挤破了他们简陋的小屋。万利云和丈夫总是热情地接待,热心介绍种植新技术,不是提供资料,就是提供菌种。万利云还经常带着丈夫上门手把手为一些菇农提供技术服务。在万利云的带动下,附近的一些农户纷纷加入菇农的行列,一些贫困户还靠种植菇、菜,先后摘掉了穷帽子。1996 年,万利云夫妇的实验场成为了"海口共青食用菌开发基地",同时作为省级皖南青年星火带头人培训基地的分基地;万利云也因贡献突出,被省妇联、省农业厅授予省"十佳女农民技术员"、"三八红旗手"等称号。

四

1995 年春,海口镇农村进行土地调整。万利云想,租用的土地随时都有可能被人家收回,必须拥有一块属于自己的土地。怎么办？唯一的办法就是将自己的户口从四川城里迁到农村。果真迁来？这就意味着自己将成为一个农民啊！万利云左右为难,心里好矛盾。可又想,没有土地种菇、菜,将前功尽弃,事到如今,也只有如此了。她咬咬牙:"迁!"主意就这样定了。于是,她再一次冲破亲人的重重阻力,彻底伤透了哥哥、姐姐的心,于 1995 年 5

月将自己在四川的城镇户口一下子迁到了怀宁海口农村,终于分得了自己的一份土地。从此,万利云真正成了一位农民。

五

去年6月,在海口镇农村生活了整整两年的万利云独自一人回到了四川看望了哥哥、姐姐。那次的四川之行,一幕幕,万利云终身难忘。

回到奉节县城,刚踏进大姐的家门,大姐的眼圈就红了:"看到你这又黑又瘦的样子,我就想哭……还是回重庆吧。"到了重庆,科研所的领导和同事们见万利云回来了,都跑过来把她团团围住,问长问短。所长说:"小万,科研所才是你们的家啊,我们都希望你和小汪回来。"同事们也说:"小万,和小汪一起回来吧,这里生活方便。"像浪迹天涯的游子突然回到了母亲的怀抱,面对亲人、领导、同事,万利云热泪滚滚,思绪万千。她又何尝不依恋大城市的工作和生活呢?只是,为了心爱的丈夫,她不得不放弃自己的一切。

离开奉节、重庆回怀宁前,万利云向哥哥、姐姐告别:"原谅我吧,现在,我和世龙谁也离开不了谁。"

几天后,万利云匆匆踏上了回安徽的列车。因为,怀宁海口农村,那里有她深爱的丈夫,以及他俩共同开创的种植事业。

(该文先后发表于《安徽画报》、《安庆宣传》,并获安庆市"精神文明礼赞"平安杯征文比赛一等奖。文中主人公万利云随后当选为全国人大代表)

君自南国来

——访广东有线电视台主持人时栩栩

高高的个儿,乌黑的长发,白皙的脸庞,一双大而明亮的眼睛——透露着聪慧与卓尔不群的个性魅力。这,就是记者见到的时栩栩小姐。

见到时栩栩,是农历丁丑年腊月二十四。现在广东有线电视台从事播音、主持人工作的时栩栩,刚从南国飞回怀宁老家父母身边。坐在家中雅致的客厅里,其时,天空正飘着鹅毛大雪,南北气温的差异,使得在广东工作生活了3年已适应了南方气候的时栩栩不禁连打了几个寒战。父亲马上把取暖器搬到女儿身边,母亲也连忙向爱女递来暖乎乎的热水袋。沐浴着浓浓的爱意和天伦之乐,时栩栩热情地向记者敞开了心扉,坦诚地道出了3年前自己毅然放弃在省城合肥工作的机会,只身独闯广东的经历。

在安徽广播电视学校播音专业学习了两年,1994年,时栩栩以优异的成绩毕业了。凭借过硬的专业实力,她被分配到省经济电台。然而,这个令许多人垂涎的分配结果,没能激起时栩栩的兴奋,反而使她感到茫然,19岁的时栩栩热烈地向往更自由、更广阔的发展空间。她果断地决定要一人独闯广东碰碰运气。瞒着父母她拨通了在广东茂名市工作的姑姑家的电话,姑姑理解她并告知了茂名市电视台要招聘播音员、主持人的消息。说服了父母,同年9月22日,时栩栩到了茂名市,并在当天参加并通过了考试。第二天就有人推荐她为该市一家国际酒店主持开业庆典晚会。时栩栩没有犹豫,欣然答应,准备迎接挑战。姑姑全家都为她捏了一把汗。谁知,晚会现场,操着流利普通话的时栩栩,端庄、大方、机智的主持风格,顿时令满座高朋眼睛为之一亮,就连参加晚会的茂名市一主要领导也惊讶地连连称赞:"这丫头是个人才,不错,不错!"时栩栩一炮打响。就在同月底,在茂名市委领导的直接关心下,时栩栩被改派顺利地进入了广东省茂名市电视台。茂名电视台的同仁惊喜自己找到了时栩栩这样的新秀,同时也给她提供了许多展示才华的机会。此后茂名市一连串大大小小的节目主持都有时栩栩活跃的身影。茂名人瞪大眼睛开始认识了这个来自安徽省怀宁县的才华横溢的"外来妹"。

时栩栩坦言:自己当初的选择没错,来茂名确实扩大了眼界,学到了不少东西。的确,南方相对开放自由的发展空间和氛围与时栩栩开拓、活泼的个性一拍即合,使得她的才华得到了酣畅淋漓的施展。1996年5月,广东省人事会议在茂名市举行。会议期间,时栩栩被点将主持节目。出色的主持水平,使得参加会议的该省广播电视厅一位管人事的干部一眼就看中了她,随即决定要挖茂名电视台的"墙脚",立马调时栩栩进入广东省有线电视台。就这样,前后不到半个月,时栩栩便又被调到了广东省有线电视台。

进入省台不久,正巧赶上台里准备台庆,为选拔一位能用英语主持台庆的主持人,全台2000多名职工进行了严格的考试,结果时栩栩力挫群芳,成了全台最佳人选。初来乍到省有线台的时栩栩,第一次让全台上下对其刮目相看,很快就以实力被台里重用推上了第一把交椅——在该台最被观众看好的《体育新闻》节目中做主持。同年底,广东有线台将时栩栩等15个业务骨干送到德国、卢森堡等7个国家进行了参观考察。

今年元月初,全国播音员主持人进行普通话水平测试,时栩栩一人作为"尖子"被台里第一批选送应试。考试结果,她的普通话水平达到了一级标准。时栩栩因此成为广东有线台第一位获此等级持证上岗的播音员。

仿佛幸运之神总在庇护着闯劲十足、不断进取的时栩栩,就连时栩栩也说自己在南方机遇好,特顺。然而,记者感到,除了机遇好,只身独闯广东的时栩栩之所以在那边"特顺",这完全仰仗于她的成熟与才气。成熟是一个动态的蕴积过程,是一种全方位的修炼过程。在这个过程中,时栩栩受到了良好的学校和家庭教育,并逐渐学会了正确地处理人际关系。时栩栩告诉记者,当年在学校,老师们都欣赏并有意识地培养她的演讲、普通话、文学等方面的特长,这增强了她的自信。在家里,父母除了言传身教,细心又耐心的母亲从她识字时起就一直坚持为她收集、剪贴名人传记等一些对她成长有益的资料。就是在广东工作,母亲也不忘为她邮寄去一本本工整的剪贴资料。从众多的名人身上,时栩栩悟出了人应该自信。她说,自信,你就敢想敢做。不过时栩栩向记者补充道:"人要自信,但不能自负。"对于人际关系,在读书时,时栩栩就注意学习正确的处理方法。她认为,人际关系不是庸俗的拉拉扯扯、吹吹拍拍的市侩习气,而是非常和谐、协调的同志关系。又加之秉承了父亲的豪爽、豁达和母亲的细腻、谦逊的遗传基因,小小年纪的栩栩十分清醒、得体地为人处世。她说,人际关系好,人家就给你发展机会。自信而不自负、人际关系的正确处理,这就是时栩栩在南国广东不断发展的基础。

当然,时栩栩的成功离不开她的过人的才气。说到才气,时栩栩非常谦虚。她说,没有天才,只不过自己比别人更勤奋而已。在广校,她除了专心读专业和英语,还把别的女孩逛街、吃零食、侃大山的时间全都用在了学校图书馆。期间,她阅读了大量的中外文学名著和政治、经济、历史等方面的书籍。在广东,紧张繁忙的工作之余,她总也忘不了去逛书市,碰到中意的书就一本本地抱回来。为了更好更深地掌握英语,她不惜 1 小时 50 元的高价为自己聘请一外籍教师帮助学英语。持之以恒地学习,专而杂的知识储备,使时栩栩在播音、主持节目时总是那么胸有成竹、游刃有余。

生活中的时栩栩,洒脱浪漫。她告诉记者:"喜欢谈心、唱歌、看电视,再就是——"突然,时栩栩抬眼瞟了一下父母,神秘地压低声音:"喜爱自己开着车去兜风。"接着是爽朗的一笑。

(该文发表于《怀宁报》)

真情撑起一个家

　　这是一个普通的家庭,一家四口:夫妇俩,两个孩子。这又是一个不寻常的家庭:妻子患病已整整14个年头。14年来,丈夫以惊人的毅力担起了家庭这副沉重的担子,无怨无悔地精心护理着病重的妻子,同时还把两个儿子先后送进了高等学府——一个是博士研究生,一个是硕士研究生,他自己也因工作出色被评为安徽省先进工作者。

　　他,就是现任怀宁县县志办公室主任王竹岩。

　　王竹岩也曾拥有一个无忧无虑的美满小家庭:妻子潘金枝是一位出色的小学教师,又是一个典型的贤妻良母,两个儿子天真活泼,聪明伶俐。然而,天有不测风云。14年前,妻子潘金枝左手突然莫名其妙地不停地颤抖。医生诊断,她患的是"帕金森氏综合征"!仿佛一声晴天霹雳,王竹岩被震懵了。

　　"帕金森氏综合征"是一种慢性病。开始,潘金枝左手不停地颤抖,发展到后来左脚、右手和右脚也跟着不停地颤抖起来,并时时发麻、发酸、发僵。她的两脚走路越来越不灵便了。1985年,潘金枝的病情加重,走起路来,身体向前倾倒。为了照顾仍然带病坚持上班的妻子,为了让妻子回家后安心休息,王竹岩既当爹,又当妈,大事小事抢着干。而一有好吃的东西,他总是让给生病的妻子和两个读书的孩子,自己舍不得吃一点。一次,家里杀了一只鸡,饭桌上,他又是夹给妻子又是夹给孩子,自己就是不愿吃一点。妻子过意不去,将自己碗里的一块鸡夹到丈夫碗中,可王竹岩把鸡又拨到妻子的碗中;不料妻子发现了他饭底下埋着前一天吃剩下的白菜,这下惹得妻子发脾气了,王竹岩这才好歹往自己碗里倒了一点鸡汤。

1991年,潘金枝的病情进一步加重,她已无法再去上课了,于是办理了病休手续。病休,对于潘金枝这样一个事业心强的人来说,无疑又给她的心灵增加了新的痛苦。为了减轻妻子的痛苦,王竹岩想着法子尽量使妻子高兴。每天早早晚晚搀扶着举步蹒跚的妻子在宿舍楼周围散步,给她讲一些新近发生的身边事儿。还专门为妻子订了一些她爱看的报刊杂志,好让妻子在阅读中排遣痛苦和烦恼。

为了遏制妻子的病情发展,王竹岩到处寻医,希望找到有效的药物来帮助妻子治疗。然而,病魔还是越来越逞凶。去年,潘金枝已完全丧失了行走和生活自理的能力,整个身体除了头部能活动和双手有一定的活动能力外,其余都瘫痪了。而此时他们的孩子都远在浙江求学,这样,王竹岩肩上的担子更加沉重了。白天,他既要上班,做家务,又要给瘫痪的妻子穿衣脱衣,端茶倒水,伺候她吃药、大小便,还要不定期地为她洗头、洗澡。晚上,一躺到床上,妻子瘫痪的肢体就麻、酸、僵得难受,并常伴有心慌。王竹岩见此又急又心痛。他买来医书,自己学会了推拿按摩穴位,每天晚上为妻子按摩,帮妻子翻身。妻子心发慌,只要一发出痛苦的呻吟,睡眼惺忪的他马上爬起来,小心翼翼地将妻子抱着让她坐起来。就这样,几经折腾,每天夜里王竹岩睡眠时间平均不到三四个小时。

长期的辛劳,王竹岩渐渐消瘦了,还不满58岁的他,头发早已花白了。为了不再拖累丈夫,潘金枝渐渐产生了没有勇气活下去的念头。有一次,她向丈夫流露出自己的想法。王竹岩一听,吓得脸都白了,他含着泪深情地对妻子说:"我虽累点,但回到家里有你在,我再累也踏实,如果你去了……"王竹岩说不下去了,夫妻俩抱头痛哭起来。从此以后,潘金枝打消了死的念头。在人面前,一提起丈夫,潘金枝就声泪俱下:"如果不是他,我也活不到今天,是我磨苦了他啊!"

守望语文课堂

　　家庭,患病的妻子,王竹岩肩上的担子是沉甸甸的。但是,他却没有因此而耽误了自己的工作,相反他更加珍惜上班时的分分秒秒。他在县志办公室工作,150万字的"怀宁县志"由5个人分工撰写,而他一人就写了50万字。

　　1991年,他家被评为"省五好家庭",1993年,他自己被评为"省地方志先进工作者"。而最令人感叹不已的是王竹岩不仅是个好丈夫、好干部,而且他还是个教子有方的好父亲。在家庭和父亲的感召下,两个儿子也分外争气,大儿子大学毕业后即考上浙江大学硕士研究生,入学不到半年,又被保送为本校博士研究生。小儿子去年大学毕业也被保送进了浙江大学攻读硕士学位。也许这些能给王竹岩一些宝贵的精神安慰吧。

　　最浓不过夫妻情啊。为了病重的妻子,王竹岩倾注了所有的爱。狄更斯说过:爱,能使世界转动。但愿爱的力量能使潘金枝老师"生命之树长青"。

　　(该文先后发表于《新安晚报》、《安庆日报》等省、市级报刊,并获《安庆日报》月评好新闻奖,同年又获"中国地市报好新闻"二等奖)

永不陨落的明星

9月的乡村稻菽涌浪,瓜果飘香,正是丰收的季节。往年的这个时候,怀宁县金拱镇祖庄村本庄组31户农家总是欢声不断,笑语连连。而如今,自从汪明星、徐金英夫妇为勇救三名落水儿童而突然离世后,这个小山村的上空便笼罩着悲伤的阴霾,沉浸在一片深深的哀痛之中。

为了追忆汪明星、徐金英夫妇生前事迹,在他们牺牲的一个月后,记者来到了金拱镇祖庄村本庄组。采访中,谈起汪明星、徐金英,乡亲们泪水涟涟,怎么抹也抹不干。像是在泪海中漂浮,怀着悲痛和仰慕,记者打捞出汪明星、徐金英一个又一个金子般的故事。

舍身救村童

8月9日傍晚时分,在北京打工、不久前回家刚刚料理完母亲丧事的汪明星,正在家中收拾行李,准备第二天返京。

就在此时,从门外的水塘边传来女儿汪敏"有人落水了"的惊呼声。汪明星、徐金英夫妇先后冲出家门,扑入了塘水中。当汪明星用尽全身力气从塘中深井(抗旱时所挖)救出两个人时,他惊讶地发现原来是自己的两个男孩汪伟和汪泽。"井中还有小荷花!"女儿汪敏在岸上大声地叫着。小荷花是村民汪百年的女儿。汪明星迅速转身又扎进了深井。当汪明星潜入井底拼命地将小荷花顶出水面、徐金英使劲地将小荷花拽出井口后,由于精疲力竭,加之不识水性,夫妇俩不幸双双沉入井底……

惨剧就这样发生了。周围闻讯的村民们失魂落魄地奔向出事地点。人们从深井中先后将汪明星、徐金英夫妇打捞上来。此时的汪明星面如白纸,徐金英脸色发紫,两人已人事不知。

"快救人哪!""不能让他俩走啊!"在场的乡亲们呼救着、哭喊着。村干汪松山飞车接来了村医江劲松;临组舒贵霞、本组周翠华、孙根花、汪祥武、刘转名(小荷花的母亲)一个个抢着轮番为汪明星、徐金英做人工呼吸;闻讯赶到的徐金英二哥哆嗦着用手机拨通了安庆市立医院急救中心的"120"……然而这一切都太晚、太晚了。

8月10日是汪明星、徐金英夫妇出殡的日子。一大早,悲痛的人们从四面八方朝本庄组涌来。家住本镇兴胜村80多岁的李必华老两口也拄着拐杖赶着几里山路,颤巍巍地来了。望着前后近千人黑压压的送葬队伍,老两口老泪纵横:"我们活了80多岁,像这样一家两副棺材一起抬出门,从来没见过啊!真是一对好人哪!"

一对大好人

送走了汪明星和徐金英,本庄组68岁的村民组长汪孟怀回家大病了一场。从抢救汪明星、徐金英到送他们上山,整整一天一夜,汪孟怀未曾合眼,不思茶饭。他一边流泪,一边组织料理丧事。汪孟怀的老伴郑翠华告诉记者,自己的老母亲去世,汪孟怀也没有这样流泪呢。

男儿有泪不轻弹,只是未到伤心处。往往这男儿的泪水最能撕裂人心。汪明星、徐金英的离去,让所有的乡亲们泪如泉涌,悲痛欲绝。难道这仅仅是因为汪明星、徐金英太年轻或是他们早早丢下了三个未成年的孩子而去了吗?不,不仅仅是这些。在乡亲们的心中,明星、金英是一对实实在在的大好人,这样的大好人怎么能一下子就走了呢?

汪明星勤劳、节俭。由于家境贫困,初中毕业后汪明星便学起了篾匠手艺,后又走南闯北推销棕刷、塑料袋、编织袋等产品。1998年,汪明星到了北京,开始从事推销房屋内装修用的木线条。

在北京,为了推销木线条,他用自行车为客户送货,往往两只裤腿与车上的木线条相互摩擦,裤子不是被刮毛了,就是被擦破了。为了既体面地去见客户,不让客户瞧不起,又不擦破裤子,每次送货上门前,汪明星总是先穿一条旧裤子,然后在随身的包里放上一条新裤子。等快到客户的单位或是门口,便找一无人的地方悄悄地换上新裤子。有时,出门联系业务,中午为了节省时间,他就在街上买上一两个馒头,随便地充充饥。

对自己,汪明星"抠",但对别人,对村邻,他洒脱,他大方。

在本庄组,每逢干旱,一部分村民的吃水便发生困难。汪明星家有一口水井,村民纷纷到他家挑水,但次数一多,村民们便不好意思了。因为这水要花电费从井中打上来。汪明星和妻子徐金英就主动地叫乡亲们上自己家里挑水,并说:"钱哪就那么好?再说,干旱也是有年头的嘛。"

本庄组的村民都记得,1991年大旱,为了抗旱,汪明星和妻子徐金英商量后,东挪西借掏出近3000元,买回了6根柱子,架起了一条长达300米的三相四线制低压线路。虽然线路所到之处他家受益的仅有0.033公顷稻田,然而这条线路,全组受益的稻田就有2.6公顷。被干旱困扰的群众纷纷在低压线路上挂线抽水。汪明星和徐金英不但不阻止,而且还在一旁告诉大家哪是零线,哪是火线,提醒大家"别挂错了"、"注意安全"。甚至,有时大家一起挂线抽水,导致电压过低,汪明星或徐金英就暂停自家的小水泵,等大家都抽好水后,自己再接着抽。

采访中,本庄组老组长汪孟怀还告诉记者这样一件事。

汪明星、徐金英出殡的那天,大家都在紧张地忙碌着。帮忙的人手本来就不够,然而在人群中,汪孟怀却迟迟不见村民金小根的影子。当金小根满头大汗地赶到汪明星家中时,悲痛中的汪孟怀气不打一处来,他正要狠狠地训斥金小根,不料金小根气喘吁吁地说自己向人家借钱去了。原来,早在前年,金小根家盖房子,因缺钱购水泥,工地上马上面临着停工。在四处借钱没有着落的情况下,金小根硬着头皮向曾经与之发生过误会的汪明星开了口。谁知汪明星和徐金英非常爽快地答应了,并很快将500元钱送给了金小根。今年7月,汪明星的母亲去世,手头紧,一直未还钱的金小根很不好意思地问汪明星可急要钱,汪明星明明在向亲朋筹款,可他还是对金小根说:"我够用,你别急着还。"就这样,当汪明星和徐金英突然牺牲后,金小根再也耐不住了,于是他便马上东挪西借来了500元钱,准备将钱还给汪明星家。当金小根将钱交给汪明星的姐夫时,其姐夫对金小根说:"这钱明星当年是向我借的呀。"一直蒙在鼓里的金小根瞪大了眼睛,一时竟说不出话来。

孝心美名扬

走近汪明星和徐金英,记者深切地感到,在他们夫妇的身上凝聚着中华民族的传统美德,同时"老吾老以及人之老"的古训也深深地影响着他们。

在桐城市夏圩村立新组徐金英的娘家,人们都知晓汪明星是孝顺的好女婿。岳母喜欢吃鱼,每次到他家小住,只要汪明星在家,无论多么忙,他都要跑到5公里外的集市上买回大鱼煮给老人吃。出外打工回来或是逢年过节,汪明星总要带上岳母爱吃的食品去看望老人。一到岳母家,常常是手中的包一放,就一边陪岳母谈心,一边帮岳母做事。有时,临走时还硬要塞给岳母一些零花钱。

汪明星有两个已出嫁的妹妹,她们都上有公婆。他经常对妹妹说:"对公婆要孝顺,如果不孝,我做哥哥的以后就不到你们家里去。"哥哥的话感染了两个妹妹,也感动了两家的老人。二妹的公公方礼节一提起汪明星便夸他"通情达理"。

大凡婆媳关系最不容易相处。可徐金英对婆婆曾让周围的好多"媳妇"们自叹弗如:"要是我,做不到啊。"

婆婆生病,新鲜荔枝上市了,尽管价格不菲,徐金英总要设法买来给婆婆吃。婆婆舍不得一个人吃,常常给孙女汪敏、孙子汪伟和汪泽各留一份。徐金英知道了,板着脸孔对儿子、女儿说:"你们都走开,一个都不准吃。"然后她劝婆婆:"妈,您就闭着眼睛吃吧,孩子吃到您这么大年纪,有得吃呢。"

1997年,婆婆一下子瘫痪了,从此家里的重担全部落到了徐金英一个人的身上。丈夫汪明星长年在外打工,徐金英一人除了做0.4公顷还有余的责任田地里的农活、照顾三个读书的孩子,还要服侍不能自理的婆婆。每天她要为婆婆捧吃捧喝,端屎倒尿,翻洗身子。婆婆瘫痪后,与媳妇金英发生"矛盾"的便是每年的"双抢"农忙季节。每天傍晚,当徐金英拖着一身泥一身水的身子回到家里时,第一件事便是给婆婆洗澡。婆婆心疼疲惫不堪的媳妇,常常不肯洗。一次,徐金英一回家将热气腾腾的洗澡水端到婆婆床前,当她去背婆婆下床时,婆婆死活不肯,她对金英说:"今天不洗了,你去烧饭吧。"可不管金英怎样说,婆婆就是执意不肯洗。徐金英假装生气地说:"妈,您要是不洗,我也不想烧晚饭了。"一听这话,婆婆急了,自己躺在床上不吃饭行,可金英做了一下午的事,哪能不吃呢?拗不过媳妇,婆婆只好由着金英搬动身子下床洗澡了。洗着洗着,婆婆对着金英大声地哭起来:"儿啊,你一个人成天累得可怜的,还要服侍我,我这把老骨头一时不死,你就一时遭罪啊。"金英的眼圈也红了:"妈,看您说的,人人都有老的时候,您有病,我服侍您是应该的呀。"

不仅如此,平时,徐金英还想方设法让瘫痪的婆婆尽享口福。婆婆喜欢吃肉,而且食量大,徐金英就经常买回肉,将肉煨或馇得烂烂的,让她一个人吃,直到后来婆婆一见到煨肉和馇肉就怕了为止。婆婆想吃粑,徐金英不是从娘家带回来就是从外面买回来给婆婆吃。婆婆去世前,有人问她想吃什么,老人家满足地摇摇头说:"一样都不想吃,想吃的,金英都弄给我吃了。"

本庄组的村民都夸"金英心肠特别好"。此话一点不假。徐金英的邻居金华,丈夫瘫痪在床5年,平时金英总是主动地帮金华将丈夫抬上抬下。家里有了好吃的,徐金英也不忘给金华的丈夫送过去。金华生来体弱瘦小,碰到她挑粪、碾米什么的,徐金英总是禁不住跑过去接下金华肩上的担子。金华哭着告诉记者,就在8月8日下午,即徐金英和丈夫牺牲的头一天,金华到徐金英家水井里挑水,徐金英还放下手中的活儿,帮着金华将一担水送到了她家的水缸里。

汪明星有一个堂嫂叫王月梅。王月梅从小就做童养媳,丈夫去世早,独自一人将两个儿子拉扯大,家里特别贫困。徐金英深深地同情王月梅。每年年底杀年猪,徐金英都要给王月梅送上几公斤肉,另加一些猪油和猪内杂。徐金英婆婆病重期间,王月梅用卖鸡蛋凑起来的钱买了半公斤桂圆和半公斤白糖送到了徐金英家。徐金英心疼王月梅,她将桂圆和红糖来回送了3次,死活都不肯收。

闪光的明星

在祖庄村和本庄组采访,每接触一个采访对象,谈起汪明星、徐金英,记者都会经意不经意地收集到他们夫妇生前的一些"好事",就在采访结束前,记者又记下了这样的两件事。

1997年的夏天,洪灾过后,村里组织各村民小组向灾区捐米。当本庄组村民组长汪孟怀挑着箩筐挨家挨户地收米时,不等汪孟怀走到自家门口,徐金英就端出满满的一大盆米,笑盈盈地送到汪孟怀的面前。被感动的汪孟怀开玩笑地对她说:"哎呀,都像你这样,我这把老骨头怕挑不动呢。"

今年4月,金拱镇农电站组织全镇各村为高压线路扫障。扫障要砍去一些农户家的树木,为了防止有的农户产生抵触情绪,组庄村村干研究决定先从工作好做的农户家开始,让其为大家做个榜样。村干部不约而同地想到了汪明星家。可村干部一琢磨,汪明星家涉及扫障的面积大,要砍的树木多,再加上当时汪明星在北京打工,家里只有徐金英一人,这能行吗?抱着试试看的心理,村干们来到汪明星家。没有料到,还没等村干讲完,徐金英就爽快地答道:"扫障是好事,我家的树木,需要砍多少,你们尽管砍吧。"就这样,全村的扫障工作便从徐金英家开始。这一次,光是她一家,一下子就被砍去了300多棵松树。在徐金英的带头下,祖庄村的扫障工作非常顺利。徐金英将被砍的松树运回家,堆放在门前。7月21日,母亲病危,汪明星从北京赶回家中,一看门前堆得像小山似的松树,他惊问妻子是怎么回事。徐金英说明了情况,汪明星连忙夸奖妻子"做得对",并开玩笑地说:"你呀,还真的看不出呢。"

在采访汪明星、徐金英夫妇生前事迹的日日夜夜里,记者的心情越来越激动,不仅掉泪,而且感慨。他们夫妇生前一个又一个的故事,如同一朵朵绚丽的小花,在记者的笔下散发出悠远的清香。尽管商品经济的浪潮冲击着一切,然而,汪明星和徐金英夫妇始终没有改变自己的道德追求和行为方式。对别人,他们慷慨;对集体,他们无私;对老人,他们至尊。有着几千年文化传统的中国,在进入市场经济、迈向现代化的进程中,现在我们太需要这种真正意义上的文明。通过汪明星、徐金英,我们看到了一种永恒的东西,像星星、像月亮、像太阳,透过时间和空间,在熠熠闪光。

(该文发表于《新安晚报》。文中主人公汪明星、徐金英夫妇已被安徽省人民政府授予"烈士"称号)

良"相"·良医

古人云:"不能为良相,即当为良医"。盖良相济世,良医救人,其道一焉。本文介绍的共产党员吴延义,既是一位能使危重患者起死回生的良医,又是一位能使特困单位回黄转绿的良"相"……

接手一个"烂摊子"

1996年11月,安徽省怀宁县卫生局领导通过精心物色,决定破格提调原江镇医院骨伤科精干的青年医师吴延义到不景气的清河乡卫生院任副院长,主持医院全面工作。消息一传开,一些知情的亲朋好友和同事都纷纷劝阻道:"听说清河医院很穷,负债多,你可要慎重考虑啊。"清河医院不景气,此前吴延义也略有所闻。面对大家的好心劝阻,是去还是不去?一番冷静思考后,吴延义毅然选择了前者。他说:"个人服从组织。既然领导相信我,再苦我也要挑起那副担子。"于是他毫不犹豫地办理了调动手续,举家从工作了十几年的江镇医院搬迁到了清河乡卫生院。为了上级的重托,他决心大干一番。

然而,理想与现实总有那么一段距离,现实往往不尽人意。吴延义刚一到任,他便吃惊地发现,堂堂一个乡医院,不仅没有心电图、B超等辅助科室,甚至连化验室都没有。长期以来,医生仅靠一把听诊器、一支体温表来为病人检查。医院没有病床,更没有住院病人,病房全部被职工占用做厨房。院里职工人心涣散,有的已打了调动报告,在迫不及待地要求调走……

医院穷,吴延义本有所闻,可当他向医院财务人员了解"家底"时,令他万万没有想到的是,当时清河医院银行存款只有 0.35 元! 而账面上欠债 18 万元,隐性欠款近 4 万元,同时全院 20 多名职工已有 3 个月未领到工资! 穷,原来这里竟是这般地穷得叮当响! 像突然被人当头泼了一盆冰水,刚刚上任的吴延义,满腔的激情,一下子降了下来。面对这样的一个"烂摊子",他吃不香,睡不着,开始感到肩上的压力真是太大太大了。

母子连心。听说儿子新调的单位不景气,就在吴延义到任不久,他的母亲特地从江镇老家赶到清河医院来想看个究竟。不看不知道,一看吓一跳。当老母亲围着清河医院简陋的房屋里里外外转了一圈后,她的心一下子掉进了冷水盆,"唉! 这跟江镇医院哪里有得比呢?"老母亲长长地叹了口气,口中一个劲地念叨着。可当着焦急的儿子的面,她又不忍心再说什么。回到老家后,老母亲向自己的老伴说着说着,竟情不自禁地哭了起来。

"救活一个医院"

面对困境,有人可能无精打采,从此萎靡不振;也有人可能偏偏与之较劲,不达目的不罢休。吴延义属于后一种人。天生不服输的他,暗暗思忖:既然来到这里,我就要把这里变成自己的立身之地,实现自己的价值。他下定决心:干就要干出个样来!

于是,吴延义从管理入手,开始寻找问题的"症结"。通过反复调研,他发现原来医院制度不健全,管理混乱,以致医院财务收支两条线混乱,进药没有透明度,医护人员工作责任心不强……"症结"找到了,他就大胆地对症施治。他立即带领全院职工进行整改,退出了职工厨房,将其改造成病房,并添置了几十张病床;规范正常上班制度,实行 24 小时值班;健全财务进、出制度;制定进药制度,成立了进药小组,小组成员由院长、会计、医疗骨干及药房人员组成；将医院分为医疗、护理、后勤三大块，每块为一组，每组有组长，各司其职，各负其责。

没有规矩则不成方圆。这样一来，这个曾经令职工灰心、叫病人失望的乡医院，果然从此充满了生机和活力。日业务收入由原来的不足百元迅速上升到千元以上；住院病人由日无一人发展到日均不下20人；原来拖欠的职工工资，不到3个月都全部兑现发放到职工手中。多年来一直灰心丧气的全院职工一下子看到了希望，一些曾经递交了调动报告的职工，开始悄悄地将报告抽了回来，不想调走了。

初战告捷，吴延义信心足了。作为一院之长，同时又是一位经验丰富的中医骨伤科医生，他把医院的发展定位在：以中医骨伤科为拳头科室，带动其他各科室的发展。勤于思考，更精于行动的他一步一个脚印，马不停蹄地奋战在医院管理和医疗岗位上。

随着医院业务量的不断增加，吴延义开始着手硬件建设，先后投资近20万元建起了心电图室、B超室、化验室及外科手术室，并购置了相关的医疗器械。为满足日益增多的住院病人的需要，1998年11月，该院拆除了一排低矮、陈旧的平房，开始动工新建一幢造价近50万元、面积达1 400平方米的三层住院楼，该楼设计床位达100张。2000年元月，该住院楼已正式启用。

在建设硬件的同时，吴延义又大胆地在医院内部实行改革。在医疗成本核算方面，如对中、西药包装纸、袋、处方及各科室报告单等医疗用品全部实行"请领制"，请领数经医院核实后，实发本人，要求领多少，回收多少，浪费不浪费直接与工资挂钩。这样，该院各科室内甚至厕所里从此再也看不到以前那样随便乱扔的医用纸张、纸袋了。在激励机制方面，吴延义主张把职工的奖金分为硬、软两部分。硬的部分与个人的工作量挂钩，软的部分与个人的服务质量挂钩。同时，医院对每个职工的业务收入不再是一本糊涂账，不仅每月有每个人的业务收入一览表，而且年终有年度业务收入一览表，并分别将其放大张贴在办公室让职工过目，让每个人知己知彼。这一系列的举措,极大地调动了职工的工作积极性,同时也提高了各自的服务质量。

找良策,寻新招。有效的管理,成为振兴医院的催化剂,使其潜能如火山般爆发出来。在吴延义的带领下,从1997年开始,该院业务收入由原来每年不足20万元,一路飙升,年年突破百万元大关:1997年达104万元,1998年达108万元,1999年达112万元,2000年将近达到120万元!这一连串的百万余元,让该院利利索索地甩掉了穷帽子,令世人对其刮目相看。在这里特别值得一提的是,翻开该院年度收入一览表,记者发现吴延义个人每年为医院创下的业务收入都在70万元左右,也就是说,在该院,每年他一人就完成了全院业务收入的一半还有余!既搞管理,又做业务,吴延义成了医院不折不扣的"顶梁柱"。难怪每每提起吴延义,一些知内情的人都不禁由衷地感叹:"吴延义,他一人救活了一个医院啊!"

清河医院的崛起,渐渐引起了上级卫生部门领导的关注。1998年,经市卫生局有关人员实地考察后批准并报省卫生厅中医药管理局备案,同意清河乡卫生院正式改名为"怀宁县第三中医骨伤医院"。1999年12月,县卫生局任命其时为副院长的吴延义为该院院长。

永远的座右铭

在记者的手中,有一份吴延义先进事迹的材料:吴延义,1963年出生在江镇镇一个中医世家。自幼师从其父及当地一名老中医学习骨伤科技术。由于潜心钻研,加上良好的悟性,在中医骨伤科疑难病症治疗方面,具有丰富的临床经验,现在他的患者遍布省内外。广东、深圳、海南、香港、台湾等全国十多个省、市和地区骨伤病人,都有慕名前来请他诊治的。由于成绩突出,他先后获得"怀宁县十佳职工"、"安庆市十大优秀青年"、"安庆市职工职业道德先进个人"等荣誉称号,2000年,他又获得了安徽省自学成才奖。

荣誉,对于吴延义来说是当之无愧的。过硬的医术,良好的医德,这些都是吴延义一直刻意追求的。采访中,吴延义告诉记者:自幼学医时始,他的父亲就常常对他讲解、重复着这样的古训:修合无人见,存心有天知。做了一辈子医生的父亲,不仅希望儿子医术要过硬,而且更希望儿子具有良好的医德,视病人如自己的亲人。渐渐地,这个古训就成了吴延义的座右铭,并深深地影响着他。

采访中,记者无意间还得知这样一件事:家住安庆市六中附近的一位陈奶奶曾患股骨头缺血性坏死病症,老人通过别人慕名找到吴延义,请求为其治疗。考虑到老人行动不便,吴延义便专程赶到安庆老人的家中。进门后,正好老人的女儿、女婿也在其身边。老人的女儿、女婿都在安庆卫校从事药物分析工作,听说吴延义是来给母亲治病的,夫妇俩嘴上没说什么,态度却十分傲慢。意思是我们都没办法治好母亲的病,你能怎样?吴延义看在眼里,没往心里去,他按照自己的思路,热情地为老人施治。事后不久,他又第二次上门为老人进行治疗。经过二次治疗,老人的病情开始有了好转。这下老人的女儿、女婿服了。后来老人的女儿亲自从安庆跑到清河来找吴延义,让吴延义为其母配药。吴延义不仅不计较她,反而热情地接待了她,为其抓了药,还让她拿走了药方。老人的女儿为此感动不已。

冲着吴延义的医德和医术,在吴延义施治过的患者中,渐渐地一些外地有经济后盾的老板们便动了念头,他们想出巨资与吴延义个人合股办医院,意欲"借鸡下蛋"。曾因粉碎性骨折先后被吴延义治愈的香港的李先生和台湾的何先生,都曾诚邀吴延义与其办股份医院,并许以优厚的待遇,叫吴延义入技术股,他们入资金股,但都被吴延义一一婉拒了。"人不能只顾自己,人的价值在于对社会的奉献。"吴延义这样认真地说道。

听着吴延义发自内心的真情告白,记者丝毫不觉得他是在说大话、说空话。当院长,他不辱使命;做医生,他心系患者。立足本职岗位,吴延义以强烈的责任心和使命感,一双肩膀同时挑起了两副重担,用真诚和劳动创造出了自身的价值,让一个面临沼泽的乡级卫生院走出了历史的困境,并实现了新的跨越和腾飞。面对吴延义,面对他脚踏实地干出来的业绩,让人不能不信服：共产党员是工人阶级的先锋队员，作为党员的吴延义，他是劳动者的先锋，他的奉献是实实在在的。

（该文发表于《安庆日报》，并获安庆市"党旗颂"征文比赛一等奖）

战火纷飞,戎马倥偬,他曾驰骋沙场、出生入死战敌寇;转业地方,为官经年,他以身作则、刚直不阿尽天职;离休之后,耄耋之年,他达观奋发,有所乐,有所为。新四军老战士邵金聚——

历经沧桑人未老

2000年10月14日,怀宁县新四军历史研究会在新县城高河召开。会上,现年82岁的新四军老战士、离休老干部邵金聚,被全体会员一致推选为新一任会长,精神矍铄的邵老欣然受命。

老革命,老干部,新会长。在县党史办主任陈维民同志的热心支持下,10月21日,记者采访了这位阅历丰富的邵金聚老人。

一

1921年,邵金聚出生在安徽省涡阳县一个贫苦的农民家庭。8岁那年,他的母亲不幸去世,其父拉扯着他们弟兄三人,靠种菜勉强维持生活,艰难度日。

1939年,新四军浩浩荡荡来到了涡阳县城。18岁的邵金聚和村子里10多个小青年,呼啦啦一下子跑到涡阳县城,找到部队,一齐报名参了军。不久,邵金聚便被送到了新四军四师师部警卫团一营当一名战士。1943年,他被调到师部侦察排任侦查员。1947年始,他在中国人民解放军21军先后任副连长、连长、副营长、侦察连连长、侦查参谋等职。从抗日战争、解放战争到抗美援朝,邵金聚参加的大大小小的战斗有上百次,像著名的徐北、孟良崮、淮海战役等,他都曾先后亲身参加了战斗。提起当年的战斗,邵老心情激动,记忆犹新。他向记者娓娓讲述了他亲手组织、指挥的"抓俘虏"、"剿匪"两次战斗经历。

1947年10月的一天,时任侦察排排长的邵金聚接到上级命令:立即化装成国民党士兵,深入到江苏省新沂镇敌区侦察敌情。当时盘踞在新沂镇的国民党军队有一个师的兵力。邵金聚迅速组织排里40名战士,乔装打扮,谨慎布置好行动。他带着40多人下午5点开始上路,匆匆步行了100多里路,晚上10点钟到达了新沂镇。在敌区,他们机智巧妙地抓到了两个俘虏,又一路捉到了100多个地、富、反坏分子,凯旋而归。

"剿匪"是在1950年6月。一天,任侦察连连长的邵金聚,又一次接到任务:带上所在的连,务必在晚上11点50分赶到浙江农村江二坳,剿灭国民党的一些残匪。军令如山。邵金聚按命令迅速带兵于下午3点从驻地浙江雾沿镇出发。不巧的是,那天晚上,天公不作美,下起了倾盆大雨。雨大路滑天又黑,一些战士渐渐掉队,有的甚至掉进了山沟里。晚上11点,邵金聚和其中的12名战士提前赶到了江二坳。当时的江二坳黑灯瞎火,不见人烟,残匪到底藏在哪里?一筹莫展之际,邵金聚和战士忽然发现不远处的一户人家有灯光闪现。他和大家屏住呼吸,蹑手蹑脚地向亮着灯的人家慢慢摸去。靠近小屋,他一脚踹开门,"缴枪!"一声大吼,果然屋里藏有30多个国民党残匪。残匪们突遇神兵天降,一时惊慌无措,乖乖地各自缴了手中的枪……"抓俘虏,剿匪,没有打一枪就完成了任务,那两次,我们干得最漂亮!"邵老回忆着当年的战斗经历,脸上露出了灿烂的笑容。

二

铁打的营盘流水的兵。1964年4月,邵金聚从部队转业来到了怀宁县,

守望语文课堂

他先后在县公安局、县食品厂、县民劳局、县民政局任教导员、厂长、局长等职务。从军营到地方,由军人到一位普通干部,环境变了,角色也变了。然而,在邵老那里,唯独不变的是他那"兵"的性格。他雷厉风行,光明磊落,刚正不阿,爱憎分明。

转业到县公安局,邵金聚干的是第一任教导员。上任不久,他发现当时局机关有少数干警有"特权"和"高人一等"的思想倾向,办案中对群众的态度冷、硬、横,有的甚至动手动脚。邵金聚看不下去,他当着当事干警的面,严厉地批评道:"公安是人民的公安,你傲什么傲,狂什么狂?"火发过了,他便语重心长地开导,直到当事人心悦诚服。由于他的严管严教,全局上下震动很大,一些干警很快在待人接物、处理案件中自觉地转变了工作态度和作风,认真负责起来。

邵金聚曾到县食品厂任厂长,前后不到一年。虽然时间不长,但厂里变化却不小。1969年,因受大环境的影响,县食品厂内部存在"好派"、"屁派"的斗争,两派相争的后果是生产停厂,全厂亏损资金达5万余元。邵金聚上任后,他向全厂职工明确表明自己的态度:"我当厂长,不管你是好派、屁派,8小时之外你们愿意干什么就干什么,但8小时之内你们就得安心搞生产!"就这样,他带领全厂职工狠抓生产,将一个烂摊子很快扭亏为盈,不到一年时间,不仅还清了5万元陈债,还为厂里结余了2万余元。

从食品厂调到民劳局,后来民政、劳动分开,他到了民政局,邵金聚一直担任局长职务。邵金聚的妻子赵金兰是山东人,在山东,她本有一份工作。随丈夫转业到怀宁后,赵金兰便赋闲在家,没有了工作。四个儿女,夫妻二人,一家六口全靠邵金聚一人工资维持生活,日子非常清苦。按照政策,或是运用手中的职权,邵金聚当时完全可以为妻子安排一个工作,可是,他没有那样做。他说:"我是局长,我不能带头为自己松口子!"因此,他的妻子一直没有工作。

然而,在任上,政策范围内,他却关照过许多人。曾经,县内有一被打成"右派"当时还没有平反的老同志,他的下放农村的儿子符合招工条件。时任民政局局长的邵金聚了解情况后,亲自过问,派人及时通知了老同志的家人。老同志一家深受感动,为了感谢邵金聚,其妻特意拎着两只鸡送上门。邵金聚见此,很不高兴,他对那个老同志的妻子说:"符合条件的我照办,不符合条件的你就是找我也不行!你不用感谢我,这鸡你一定要拿走!"一番话说得老同志的妻子满脸通红,她无可奈何,只好将两只鸡带走了。

三

1983年,在县民政局一干就是13年的邵金聚光荣离休了。离休,对于摸爬滚打、干了一辈子革命工作的邵老来说,开始赋闲,难免陡生失落、惆怅。可身体健康的邵老没有颓废消沉,他很快调整心态,开始做自己能做、愿做的一切。为了锻炼身体,他迷上了钓鱼、打门球,还曾被大伙推选当了5年的县门球协会会长。有空,他常跑老干部活动中心,静心地看三五老友下棋、打牌。兴味所至,他也偶尔与老友搓上一牌。

邵老热衷于参加一些社会活动。平时县里的一些活动或是会议,只要通知他,他都要到,并积极为县委、县政府建言献策。1993年,邵老担任了县关工委名誉主任,具体负责抓县民政局关工委工作。为了了解基层青少年的教育及社会困难户子女的上学情况,他不顾年事已高,经常跑乡镇,走基层,做了大量细致的工作。因成绩突出,去年,县民政局关工委被市关工委评为关心下一代先进单位,邵老本人也同时被市关工委评为关心下一代先进个人。

每天,看报纸、看电视新闻是邵老的必修课。他说,一天不看,自己心里就闷得慌。邵老家里常年订有《安徽日报》、《参考消息》、《文摘周刊》、《东北老年报》等报刊。通过报刊、电视,他从中了解国际、国内大事和党的一些方针、政策,同时,他还喜欢将这些向周围的离退休人员及街坊邻居们作解释、宣传。在解释、宣传过程中,有时碰到少数不懂政策、乱发牢骚的人,他会面红耳赤、针锋相对地与之理论。有这样的一件事:有一次,他同一位身为党员的个体出租车司机交谈,这位司机认为平时向车辆管理等部门所交的这费那费的,自己太亏。谈着谈着,这位司机不禁对社会和一些政策牢骚满腹。邵老极力作解释,但他就是想不通,听不进,而且言辞更加激烈,说了一些很不中听的话。这下,邵老刚烈的脾气被其惹火了,他指着那个司机的鼻子,大声斥责:"你还像个党员吗?不乐意,你何不退党?不可理喻!"说完拂袖而去。这气归气,可气下去了,更多的时候,邵老还是那个老习惯,爱向周围的人宣传党的政策、社会主义优越性。他说:"虽然我是从枪林弹雨中走过来的,吃了不少苦,也负了一些伤,但比起那些在战场上牺牲的甚至连姓名都不知道的烈士,我很幸运,更何况党和人民今天给了我很高的待遇,我很知足,也很幸福,我愿意继续为社会做一些力所能及的事。"

耄耋之年的邵老是这样说的,同时他也是这样做的。这不,最近新任县新四军历史研究会会长的他,现正满腔热情,准备在有生之年,想办法抢救战争历史。他动员县内尚健在的21位新四军战士,自己能动笔的就动笔"回忆"历史,不能动笔的,便安排专人分别对其进行采访、撰写革命回忆录,为历史研究和后辈教育留下鲜活的第一手资料。

历沧桑,人未老;经风雨,志弥坚。记者在此衷心祝愿邵老健康长寿!

(该文发表于《怀宁报》)

后　记

　　从教 10 年后，不是因为讨厌课堂，而是一个偶然的机会，我"改行"进了一家报社，从此便连续干了 8 年的新闻记者工作。没有想到的是，2003 年 8 月，我随从我的先生一起被上海市教育人才中心引进。从此，我又回到了我的老本行，重新拿起粉笔，做起了教师。

　　又回到了课堂，我发现自己的执著和热情未减。已有 8 年没有站在课堂上了，新的教学环境，新的教学要求，我既感到陌生，又感到兴奋。于是，我暗自加压，"不用扬鞭自奋蹄"。课堂上下，校园内外，我累并快乐着。

　　课堂上，当学生与我对话，青出于蓝而胜于蓝时，我乐；当学生与文本对话，思维碰撞出绚丽的火花时，我乐；当学生与学生对话，针锋相对难解难分时，我乐；当学生脑门一拍，发出"哦，我懂了"的惊喜声时，我更乐。树荫下，走廊里，当学生"没大没小"地喊我"华姐"时，我也乐；电话里，邮件中，当学生拿着发表的作品和获奖的证书向我报喜时，我何止是乐，我由衷地羡慕他们，并为他们感到骄傲。真的，要感谢学生，感谢课堂。

　　感谢课堂，课堂原来像扇旋转门，只要你热爱它，转到哪一面都是五彩缤纷。

　　感谢课堂，是课堂让我和我的学生一起成长。

　　然而，人的成长总是离不开鞭策、激励和帮助。在整理本书书稿过程中，有许多细节被不断地提起和重温。

　　曾记得，当我写的教育案例《把分数"借"给你》发表在《上海教育》上时，

守望语文课堂

是热爱读书与写作的校长在第一时间兴致勃勃地告诉了我,并在全校教职工大会上表扬了我。当我写的教学论文《跨过"包揽"这道坎——作文互批互改的探索与实践》发表在《语文教学通讯》上时,我的同事、朋友都纷纷为我送来"精神红包"……面对这一切,我没有沾沾自喜,我深深懂得,这是激励,更是鞭策。

　　一路走来,课堂上下收获的乐趣,学校领导给予的激励,专家老师精心的指导,还有同事、朋友们无私的帮助,这一切都成为我改进课堂教学的动力——工作并思考着,在实践中不断地发现问题,且不停地理解、运用、体验、思考、总结,并自然而然地表达……在此,借本书的出版,我向曾经支持过我,帮助过我的领导、专家、同事、朋友们真挚地道一声:谢谢!

张　华

2010 年 8 月